上海对外经贸大学金融著作丛书

变额年金定价与
风险度量计算方法研究

董 冰 许 威 著

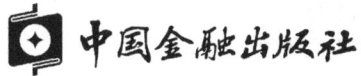

责任编辑:张　铁
责任校对:李俊英
责任印制:张也男

图书在版编目 (CIP) 数据

变额年金定价与风险度量计算方法研究/董冰,许威著. —北京:中国金融出版社,2021.12

(上海对外经贸大学金融著作丛书)

ISBN 978-7-5220-1427-2

Ⅰ.①变… Ⅱ.①董…②许… Ⅲ.①人寿保险—定价—研究②人寿保险—风险分析—计算方法—研究 Ⅳ.①F840.62

中国版本图书馆 CIP 数据核字 (2021) 第 251686 号

变额年金定价与风险度量计算方法研究
BIAN'E NIANJIN DINGJIA YU FENGXIAN DULIANG JISUAN FANGFA YANJIU

出版发行 中国金融出版社
社址　北京市丰台区益泽路 2 号
市场开发部　(010)66024766,63805472,63439533 (传真)
网上书店　www.cfph.cn
　　　　　(010)66024766,63372837 (传真)
读者服务部　(010)66070833,62568380
邮编　100071
经销　新华书店
印刷　北京七彩京通数码快印有限公司
尺寸　169 毫米 ×239 毫米
印张　10.5
字数　130 千
版次　2021 年 12 月第 1 版
印次　2021 年 12 月第 1 次印刷
定价　40.00 元
ISBN 978-7-5220-1427-2
如出现印装错误本社负责调换　联系电话 (010)63263947

上海对外经贸大学金融著作丛书
编委会

编委会主任：徐永林

编　　委（按姓氏笔画为序）：

　　　　　曲延英　应尚军　张铁铸

　　　　　陈　坚　凌　婕

总　序

　　金融是现代经济的核心，而上海建立国际金融中心又是重要的国家战略，从这个意义上来说，在上海从事金融研究工作的专家是处于"中心"中的"中心"，得天时、地利、人和之便。"上海对外经贸大学金融著作丛书"的出版，正是此天时、地利、人和的产物，可喜可贺。

　　金融发展的重要性，怎么强调都不过分。金融是资源配置的先导，现代市场经济之间的竞争，在很大程度上就是金融的竞争。因此，过去20年来，上海对外经贸大学一直将金融学科列为重点发展的领域。这不仅体现了学校的战略眼光，更体现了时代发展的要求。

　　上海对外经贸大学作为我国对外经贸人才成长的摇篮，始终秉持"诚信、宽容、博学、务实"的校训精神，把改革作为学校发展的强大动力，在人才培养、科学研究、社会服务和文化传承创新等方面不断取得新的突破；始终坚持"以学生为本、以学术为魂"的办学理念，坚持将学科建设聚焦国际前沿、对接社会需求，以贡献求支持、以服务促发展，坚持将"创新、协调、绿色、开放、共享"的发展理念贯穿于学校改革发展的各项工作中，深化教育综合改革，认真谋划和扎实推动

"十三五"期间学校改革创新转型发展各项工作，全面落实党的教育方针，切实担负起立德树人的根本使命，坚定不移地推动学校建设成为高水平、国际化、特色鲜明的应用研究型大学。

近年来，学校紧密围绕国家和上海的迫切需求，主动对接上海"四个中心"、上海自贸区、全球科创中心等重大战略以及"一带一路"倡议，着力破除制约学校发展目标实现的思想障碍和制度藩篱，形成多方参与、多元投入并与社会有机互动的办学机制，逐步构建院校协同发展、学术权力与行政权力相互支撑、充满活力的大学内部治理结构。其中一个重要的目标就是建立学术研究与决策咨询研究双轨并行、教学与科研协同发展的体制机制，为学科建设和学术研究夯实制度基础。学校鼓励各教研部门根据所属学科专业特点与定位目标，明确科研方向，制定各具特色的科研内容与方式。学校主动适应转型发展需要，打破传统的科研与教学相互分离局面，强化教学科研均衡发展意识，建立教学、科研、社会实践深度融合的体制机制，协调制定适应转型发展要求的制度体系，引导科研价值取向更加符合学校定位目标与社会发展需要。

上海对外经贸大学金融学科的高速发展正体现了学校的这种发展思路。金融学院于1995年建院，迄今已逾20年，是一所既年轻又具有一定历史沉淀的学院。近年来，学院的发展更是速度惊人，学院的科研积极性得到空前的提升，科研成果不断涌现。学院学术研究与决策咨询等多种类型的研究实现良性互动，既提升了学术水平，又服务了国家战略，可谓一箭双雕，成效显著。更可喜的是，在这一过程中，一大批年轻学者迅速成长起来，成为国内金融学界的翘楚。本套丛书正是他们成长过程的见证。

《上海对外经贸大学金融著作丛书》既展示了我校近年来中青年金

融学人的主要学术成果，也彰显了我校的金融学科优势、学术研究特色和学术研究能力。从选题来看，本套丛书不仅较好地契合国家全面改革开放战略，而且紧密对接上海自贸区建设和上海国际金融中心建设的新需要；从内容来看，本套丛书既密切追踪当今国际金融领域出现的新现象、新问题和新趋势，又深入研究国内金融领域进一步改革开放中的热点难点问题，具有专业性、学术性、实践性和前沿性等特点。

  本套丛书的出版对于进一步推动我校学科建设和学术研究工作无疑具有重要的意义，希望能够激励更多的金融学人竞相迸发出更加强大的学术热情和创新动力，为我校早日建成高水平、国际化、特色鲜明的应用研究型大学贡献力量。同时，也期待更好更多的学术成果不断涌现，为金融学院的发展继续谱写全新的篇章。

孙海鸣

2015 年 12 月 1 日于松江大学城

前　言

变额年金（Variable Annuity）于 20 世纪 50 年代在美国市场兴起，随后几十年在欧美养老保险市场飞速发展。随着人口老龄化速度的加快，具有抗通胀、养老和投资功能的变额年金产品引起了人们的关注。在我国，社会老龄化问题日益突出，将个人商业化的退休投资计划产品作为社会养老金的有效补充是政府与学者共同关注的一个问题。对变额年金的研究能够为未来我国商业退休投资计划产品的设计、定价、管理和监管提供理论与实践上的借鉴与帮助。本书从投资者的角度对变额年金的价格和保费的价格进行研究，为投资者给出投资变额年金产品的决策参考；从保险公司角度看，对变额年金的负债和监管资本进行计算，帮助保险公司管理风险。

与其他退休计划产品相比，变额年金产品不仅交易量最大，而且条款的设计也最为复杂。大部分变额年金合约嵌入一种或多种最低利益保证，包括最低提取利益保证（GMWB）、最低死亡利益保证（GMDB）、最低累积利益保证（GMAB）和最低收益利益保证（GMIB）等。近年来，如何对变额年金进行定价和风险管理一直是一个热点问题。首先，变额年金的定价不仅包含标的资产收益与利率风险这两大风险因子，而且需要考虑投保人死亡率、部分/完全终止合约、最低利益保证与投保人提现策略等诸多因素，因此无法从理论上得到解析解，但是现有的数值算法均存在一定的局限性，且计算效率相对比较低。因此，如何设计一套能够普遍适用的定价与风险管理的高效计算方法一直是当前业界和学术界关心的热点。其次，变额年金的投资者主要为个人，故各保险公司的变额年金投资组合均在几十万份至上百万份合约的规模，使得该组合规模大、存续期长（一般为20~30年）且风险敞口巨大。为了有效管理由此带来的风险，一些保险公司，如加拿大最大的保险公司宏利保险（Manulife），甚至专门设立变额年金对冲部门进行风险管理。最低资本要求是监管部门控制金融机构风险的有效手段之一，故此类大型变额年金复杂投资组合监管资本的计算也是保险公司与监管机构面临的一个巨大挑战。保险公司在变额年金产品定价和风险管理方面目前主要面临以下三个挑战。

第一，含有单个或多个最低利益保证的变额年金合约定价问题。变额年金合约中含有一个或多个最低利益保证，对这些保证收益进行定价是单个变额年金合约定价的主要内容。对单个GMDB、GMAB或GMIB等最低利益保证的研究起步较早。在变额年金合约包含的这些最低利益保证中，最复杂的附加条款是GMWB。近些年，对含有GMWB的变额年金合约定价以及最优提取策略的求解问题，一直是一个难点，受到很多学者的关注。尽管现有的学术文献研究了在多种随机模型下为GMWB产品定价的数值方法，但仍有人寻求更有效的数值方法来对GMWB定价，以便对合约期望价值进行计算，并有效地寻找最优提款策略。在现有方法中，有限差分法、网格树方法、傅里叶变换法和数值积分法均有其局限性，因此，还需要研究更有效的搜索算法来寻找最优的提取策略,以超越现有的文献中使用的直接迭代搜索。对于同时含有多种最低利益保证的变额年金的定价,目前被业界广泛采用的方法是蒙特卡罗方法,该方法不仅可以广泛适用于多种随机模型,而且适用于同时含有GMDB、GMAB、GMIB 和 GMWB 等多个市场上常见的最低利益保证的变额年金合约的定价。然而,该方法在处理提前终止条款或最优提现策略求解时,计算量非常大,计算成本较高。因此,仍然需要对同时含有多种利益保证的变额年金定价进行研究,设计一套既能支持多种随机模型又能快速处理提前终止条款和求解最优提现策略的变额年金合约定价算法。

第二,变额年金对冲问题。对于大型保险公司而言,每年销售的变额年金合约数目巨大,对投资组合进行风险对冲是金融机构进行风险管理的重要手段。理论上,对冲某个风险因素的本质是计算变额年金合约或投资组合价值对应于该风险因素的导数,然后以此确定相应的对冲策略。但是,由于单份变额年金合约定价的复杂性,如果按逐份合约定价的方式计算整个投资组合的价值与相应的对冲策略,计算量巨大,无法满足日常风险管理的需要。目前,投资组合风险对冲策略的计算主要是采用嵌套模拟和有限差分相结合的方法。该方法虽然能支持多种随机模型并且易于实现,但是其工作量巨大。因此,依然需要研究更有效的对冲方法来对变额年金合约进行对冲。

第三,变额年金监管资本计算。变额年金的定价问题仅需要计算合约未来损失现值的期望,而监管资本的计算首先需要估计出合约未来损失现值的分布,然后在此分布的基础上按照监管要求,计算相应的监管资本。目前各金融机构均采用模型计价(Mark-to-Model)的方法进行计算,也就是假设未来某个时期的市场变化服从某个特定的随机过程,然后在每一种随机生成的市场情景下估计变额年金投资组合的损失[10]。

当选取了足够多的市场情景之后，我们也就能够获得投资组合在未来某个时期的损失分布，从而计算相应的监管资本。模型计价法一般是通过嵌套模拟（Nested Simulation）来实现的。由于其巨大的工作量，嵌套模拟是近年来金融计算上的一个挑战。至今，如何有效地减少嵌套模拟的计算量或是设计替代嵌套模拟的算法是当前的一个难点。另外，变额年金合约通常包含不止一种利益保证，到目前为止，除了嵌套模拟方法，还没有其他方法能够计算出含有多种最低利益保证的负债。因此，对含有多种利益保证的变额年金风险度量依然是一个值得探讨的问题。

本书以柳树法为基础，设计变额年金定价与风险度量的数值方法。首先提出仅含有 GMWB 的变额年金合约的定价方法。以几何布朗运动、Merton 跳扩散模型和 CEV 模型为例构建风险资产价格柳树。在给定提取策略（static）、可提前终止合约（mix）和最优提取策略（dynamic）三种提取策略下分别对 GMWB 进行定价。在最优提取策略下，将离散的随机控制问题简化为求解一维有约束的最优化问题，并提出求解最优提取策略的算法。然后，提出同时含有 GMAB、GMIB、GMDB 和 GMWB 等多种最低利益保证的变额年金定价的数值方法。同时考虑返回初值型、Roll-up 型和 Ratchet 型的最低利益保证条款。通过数值实验，与现有的计算方法进行对比，柳树法定价变额年金节约了大量的计算时间，并且能达到相当的精度。对模型参数进行敏感性分析，同时做对冲效果分析。本书方法可以很容易推广到其他的随机过程，并且柳树构建过程和定价过程相互独立，在不同的风险资产价格过程下定价无需额外的工作量，具有较高的通用性。最后，基于柳树法提出一种精确有效的计算风险价值（VaR）和条件尾部期望（CTE）的数值方法，以用于监管资本计算及风险管理，并给出风险管理建议。数值结果表明本书方法在保证计算精度的同时，提高了计算效率，可以为保险公司对变额年金进行风险管理提供一个工具。同时建议保险公司在进行风险管理时，需要对冲利率带来的风险，并且根据投保者年龄制定对冲策略。保险公司应积极管理风险，并仔细审查增加保费的决策。

希望本书的研究成果能够为未来我国商业退休投资计划产品的设计、定价、管理和监管提供理论与实践上的借鉴与帮助。同时，为投资者做投资决策、为保险公司管理风险提供一个工具。

目 录

第一章 绪论 1
  第一节 研究背景与意义 1
  第二节 研究现状及文献综述 5
  第三节 研究方法 15
    一、柳树法 15
    二、柳树法研究变额年金的优势 17
  第四节 主要创新及结构安排 18

第二章 变额年金合约介绍与建模 21
  第一节 变额年金合约及其最低利益保证 21
  第二节 变额年金合约价值与保险公司负债 23
    一、变额年金合约价值 25
    二、保险公司负债计算 28

第三章 仅含有 GMWB 条款的变额年金定价 32
  第一节 风险资产价格柳树构建 32

一、几何布朗运动下柳树构建 …………………………………… 33
　　二、Merton 跳扩散模型柳树构建 ……………………………… 34
　　三、CEV 模型柳树构建 ………………………………………… 36
　第二节　GMWB 柳树法定价计算格式 …………………………… 37
　　一、给定提取策略模型定价 ……………………………………… 38
　　二、可提前终止合约模型定价——考虑死亡风险 ……………… 42
　　三、最优提取策略模型定价 ……………………………………… 44
　第三节　GMWB 定价数值结果与敏感性分析 …………………… 53
　　一、几何布朗运动模型 …………………………………………… 54
　　二、CEV 模型 …………………………………………………… 64
　　三、Merton 跳扩散模型 ………………………………………… 68
　第四节　对冲效果分析 …………………………………………… 71
　第五节　本章小结 ………………………………………………… 74

第四章　含有多种最低利益保证的变额年金定价 ………………… 76
　第一节　柳树法定价变额年金 …………………………………… 76
　第二节　变额年金定价数值结果与敏感性分析 ………………… 83
　　一、几何布朗运动模型 …………………………………………… 83
　　二、CEV 模型 …………………………………………………… 84
　　三、Merton 跳扩散模型 ………………………………………… 86
　　四、Roll-up 型和 Ratchet 型最低利益保证数值结果 ………… 86
　第三节　对冲效果分析 …………………………………………… 90
　第四节　本章小结 ………………………………………………… 94

第五章　变额年金风险度量 ………………………………………… 96
　第一节　VaR 和 CTE 计算 ……………………………………… 97

一、投资账户价值的柳树构建 …………………… 97
　　二、柳树法计算 VaR 和 CTE …………………… 102
　第二节　数值结果与分析 ………………………………… 107
　　一、GMDB/GMMB ……………………………… 108
　　二、GMWB ……………………………………… 109
　　三、GMDB、GMMB 和 GMWB ………………… 111
　第三节　随机利率下变额年金风险度量 ………………… 121
　　一、利率和投资账户价值变化 …………………… 122
　　二、数值结果 ……………………………………… 124
　第四节　本章小结 ………………………………………… 127

第六章　总结 …………………………………………………… 130
　第一节　研究内容总结 …………………………………… 130
　第二节　优势与局限 ……………………………………… 132

主要符号对照表 ………………………………………………… 134

参考文献 ………………………………………………………… 136

第一章
绪　论

第一节　研究背景与意义

随着金融市场的不断发展和人口老龄化进程的加快，人口老龄化给各国养老金体系都带来了巨大的挑战，老年人的养老问题受到社会的日益关注。全球各大保险公司面向个人投资者推出了众多具有金融衍生品属性的退休投资计划产品，变额年金（Variable Annuity，VA）是这些产品中发展迅猛、交易活跃的一类退休投资计划产品。自20世纪90年代末以来，欧美国家保险公司开始在变额年金产品中添加各种形式的担保附加条款。从那时起，我们见证了变额年金市场的快速发展。由于该产品具备税收递延、人寿保险、基金投资、保本条款等特点，近年来在国际上受到了众多个人投资者的欢迎。据统计，2021年第一季度末，全球变额年金净资产达到2.1041万亿美元[①]。仅美国市场，变额年金的

---

① 数据来源：Morningstar, Inc. and Insured Retirement Institute.

交易量从2012年的1400亿美元猛增到2015年的2500亿美元[①]。根据美国人寿保险和市场研究协会（Life Insurance and Market Research Association，LIMRA）的年金销售调查[②]，2019年美国年金总销售额为2417亿美元，受新冠肺炎疫情影响，2020年销售额有所下降，但依然高达2190亿美元。日本、韩国、加拿大、英国等国家的变额年金产品交易量近年来也迅速增长。在我国，变额年金的发展仍然处于起步阶段。我国社会老龄化问题也日益突出，将个人商业化的退休投资计划产品作为社会养老金的有效补充是政府与学者共同关注的一个问题。对变额年金这类产品的研究能够为未来我国商业退休投资计划产品的设计、定价、管理和监管提供理论与实践上的借鉴与帮助。本书分别从投资者和保险公司两个角度进行研究。首先，对变额年金的价格以及保费进行研究，为投资者提供投资决策参考。然后，对变额年金的负债和监管资本进行计算，帮助保险公司管理风险。

目前，我国已经成为世界上人口老龄化速度最快以及老龄人口最多的国家。随着人们生活水平的提高，对于养老保障的要求也在提升，因此政府需要多渠道充实养老保障来源，完善养老保障制度。养老保险制度的三大支柱已被世界各国政府、学者、普通群众所认可并接受。三大支柱为社会基本养老保险、企业年金和个人商业养老保险[94]。在我国，社会养老保险占主导地位。企业年金发展较为缓慢且覆盖率很低。根据《中国社会保险发展年度报告2016》统计，参加企业年金职工人数为2325万人，占参加城镇职工基本养老保险总人数的6.13%；有7.63万户企业建立了企业年金，仅占企业法人单位数量的0.35%。此外，在

---

① IRI Fact Book，2015.
② https://www.limra.com/en/newsroom/news-releases/2021/secure-retirement-institute-total-annuity-sales-fall-9-in-2020/.

企业年金覆盖的企业中，国有企业占比超过99%，而民营企业占比不到1%，这种现象使得企业年金受众面过小，发展极度不均衡[115]。正是因为企业年金的发展效率低，个人商业养老保险市场存在着巨大的发展空间，同时其重要性也愈发明显。除社会养老保险和企业年金之外，商业保险也是解决养老问题的另一个重要途径。随着通货膨胀的加剧，曾经作为商业养老保险主要产品的定额年金已然不足以满足现有的养老保障需求，投资者更为关注的是购买力的稳定。于是保险公司将目光投向证券市场，开始提供同证券市场相关联、与投资收益挂钩的一系列新型产品，如变额年金。虽然我国寿险行业已有几十年发展时间，但是发展参差不齐。保险产品类别不够丰富，从业人员资质参差不齐，这也标志着传统的养老保险产品亟须转型。

在社会养老保障体系中，商业养老保险机制在适应未来个性化养老需求、完善养老金积累增值机制、构建养老服务体系以及提高养老服务能力方面，具有独特优势。从我国人身保险公司的保费收入来看，近年来我国投保人身险的人员规模逐渐扩大。相比发达国家，目前我国商业养老保险在养老金体系中占比较低，如美国商业养老保险为居民提供的必要开支占比达35%以上，我国目前这一占比还不到10%，远远低于发达国家的平均水平。在我国政策支持下，商业养老保险市场有望迎来发展机遇。目前我国商业养老保险处于起步阶段，规模较小，未来发展空间较大。根据银保监会数据，截至2020年4月底，共有23家保险公司参与个人税收递延型商业养老保险试点，19家公司出单，累计实现保费收入3.0亿元，参保人数4.76万人。当前，我国仍处于人口老龄化快速增长阶段，各商业保险机构应抓住机遇，紧密结合社会经济发展形势，学习借鉴国际有益经验，发挥商业保险在养老产业的先天优势，依靠自身努力，通过产品创新、服务创新、盈利模式创新、经营模式创新，积极捕捉市场机会，发掘客户潜在的养老需求，加快商业养老保险发展。

中国保监会从 2010 年起逐步推荐变额年金的开发与试点工作，以丰富寿险产品结构，促进养老保险产品发展，满足保险消费者的需求，提升行业管理水平。2010 年 3 月，中国保监会印发的《2010 年人身保险监管工作要点》①中明确，要启动变额年金产品研究，选择适当时机审慎开展变额年金业务试点。2011 年 5 月，中国保监会发布《关于开展变额年金保险试点的通知》和《变额年金保险管理暂行办法》②，变额年金产品正式进入我国保险市场。随后，在 2011 年 6 月 17 日，工银安盛人寿保险公司（原金盛人寿）推出了我国国内首款变额年金产品"保得赢"，中美大都会人寿保险有限公司在 2011 年 7 月 22 日推出了另外一款变额年金"步步稳赢"，华泰人寿在 2011 年 11 月 30 日推出了"吉利保利"[116]。在我国，变额年金大范围开展仍需要时间。

引入变额年金的同时，如何合理地对变额年金进行定价与风险管理是保险公司需要解决的重要问题。与其他退休计划产品相比，变额年金产品不仅交易量大，而且条款的设计也较为复杂。首先，变额年金合约同时存在市场风险和死亡率风险，使得其定价和风险管理具有一定的挑战性。变额年金的定价不仅包含标的资产收益与利率风险这两大风险因子，而且需要考虑投保人死亡率、提前终止合约、投保人提现策略等诸多因素，因此无法从理论上得到解析解，同时现有的数值算法均存在一定的局限性，且计算效率比较低。因此，如何设计一套能够普遍适用的定价与风险管理的高效计算方法一直是当前业界和学术界关心的问题。

---

① http：//anhui. circ. gov. cn/web/site0/tab3150/info124096. htm.
② https：//baike. baidu. com/item/变额年金保险管理暂行办法/9233026? fr = aladdin.

其次，变额年金的投资者主要为个人，保险公司的变额年金投资组合则可达几十万份至上百万份合约的规模，使得该组合规模大、存续期长（一般为20~30年）且风险敞口巨大。为了有效地管理由此带来的风险，一些保险公司，如加拿大最大的保险公司宏利保险（Manulife），甚至专门设立了变额年金对冲部门进行管理。最低资本要求是监管部门控制金融机构风险的有效手段之一，变额年金投资组合风险度量和监管资本的计算也是保险公司与监管机构面临的一个巨大挑战。

另外，除保险公司以外，银行等金融机构同样也面临着大型复杂金融产品投资组合估值、风险管理和监管资本计算的问题。因此，作为一类定价复杂、存续期长、组合规模大、市场交易活跃的产品，变额年金极具代表性，对此类产品的研究成果具有相当推广和应用价值，能够积极推进其他类型金融投资组合的估值、风险管理与资本监管的研究。

第二节　研究现状及文献综述

变额年金是保险公司出售的具有参股权的年金产品，是一种与投资账户关联的保险合约，又被称为具有保险外衣的基金产品。投保者在与保险公司签订变额年金合约后一次或分几次投资一定数量的资金在指定的基金上。保险公司则在合约的存续期内，每年收取一定比例的管理费，同时向投保人提供一系列具有保险性质的担保附加条款，常见的担保附加条款包括最低死亡利益保证（Guaranteed Minimum Death Benefit，GMDB）和最低生存利益保证（Guaranteed Minimum Living Benefit，GMLB）两大类。最低死亡利益保证是投保人如果在合约存续期内死亡，其合约的受益人将获得的最低死亡赔偿；最低生存保证是投保人一直存活到合约到期所能享受的最低利益保证。目前流行的最低生存利益保证包括最低累积利益保证（Guaranteed Minimum Accumulation Benefit，GMAB）、最低收入利益保证（Guaranteed Minimum Income Benefit，GMIB）和最低提取利益保证（Guaranteed Minimum Withdrawal Benefit，GMWB）等。前两种利益保证是合约到期后投保人能获得的最低利益保证；而 GMWB 则是在合约存续期内，无论基金投资的收益如何，投保人每年都能够从投资的基金账户中提取不超过一定限额的现金。现在市面上交易的变额年金产品中超过 80% 的变额年金合约均含有最低提取利益保证[46]。部分变额年金合约还嵌入了提前终止条款（Surrender），即投保人每年可以从基金账户中提取超过规定限额的现金（称为部分提前终止，Partial Surrender），甚至可以提取所有现金，提前终止合约（Complete Surrender），而保险公司则对超额部分收取一定比例的罚金作为补偿。下面从三个方面对变额年金产品定价与风险管理的研究现状及其在研究中面临的主要挑战进行介绍。

第一，单个变额年金合约的定价问题。

变额年金合约中含有一个或多个最低利益保证，对这些保证收益进行定价是单个变额年金合约定价的主要内容。对单个 GMDB、GMAB 或 GMIB 等最低利益保证的研究起步较早。在 1976 年和 1979 年，Brennan 和 Schwartz[15,16] 首先提出了含有到期收益保证（GMMB）的变额年金的定价方法。含有 GMMB 的合约到期收益与普通欧式期权的收益相似，因此他们利用经典的 Black-Scholes 假设推导出定价公式的显式表达式。2001 年，Milevsky 和 Posner[73] 运用风险中性期权定价理论对含有 GMDB 的变额年金合约进行定价，将 GMDB 的收益视为一个 Titanic 期权，在简化的指数死亡率模型的基础上提出了合约定价的显式表达式。Ulm[81,82] 考虑了 Roll-up 型和 Ratchet 型 GMDB 的定价。随后在 2012 年，Gao 和 Ulm[46] 使用基于效用的方法（utility-based approach）研究了 GM-

DB 的定价。Boyle 和 Hardy[14]、Ballotta 和 Haberman[5,6]提出了 GMIB 定价的解析解。同时，Pelsser[76]、Marshall 等[70]对含有 GMIB 的变额年金合约的定价与对冲进行了研究。

在变额年金合约包含的这些最低利益保证中，最复杂的附加条款是 GMWB。较之 GMDB、GMAB 和 GMIB 等最低利益保证，GMWB 的定价取决于基金收益变化、投保人的提现策略、是否行使提前终止条款等诸多因素。近些年，对 GMWB 的定价与风险管理的研究受到了很多学者的关注。第一篇较为系统地讨论 GMWB 定价的论文发表于 2006 年[74]。在该论文中，作者假设投资的基金收益服从几何布朗运动，提出了 GMWB 合约定价可以分解为一个 quanto Asian 看跌期权和一个固定期限年金，基于此对 GMWB 进行定价，并在此框架下提出了使投保人收益最大的最优提取策略的计算方法。当考虑最优提取策略时，投保人可以自行决定每个提款日的提款金额，使其持有的 GMWB 价值最大，这也将导致保险公司需要承担的对冲成本最高[72]。在现实中，投保人可能会采取一些次优的提款策略。2008 年，Dai 等[30]提出了基于 Hamilton-Jacobi-Bellman（HJB）方程的 GMWB 定价，以及连续时间模型下最优提取策略的计算模型。他们提出了将有限差分法和惩罚逼近方法相结合的方法，在连续提取率和离散提取策略下对含有 GMWB 的变额年金合约进行定价。2012 年，Huang 和 Forsyth[55]给出了求解 GMWB 定价模型的惩罚逼近方法的严格收敛性证明。由于 Milevsky 和 Salisbury[74]、Dai 等[30]的方法均忽略了投保人的死亡率，故 2013 年 Yang 和 Dai[89]在考虑了投保人死亡率和提前终止条款的情况下，提出了基于二叉树的 GMWB 定价算法。关于随机控制模型的其他讨论以及多种有限差分方法和网格方法的构造，Milevsky 和 Salisbury[74]、Bauer 等[9]、Chen 和 Forsyth[21]、Huang 等[54]、Feng 和 Volkmer[39]、Forsyth 和 Vetzal[41]、Luo 和

Shevchenko[67]等对其进行了探讨。在连续提取模型下，Huang 和 Kwok[56]在 2014 年对最优提取策略进行全面的数学描述。其最优提取策略的 bang-bang 结果可分为三种选择：不提取任何金额、按照合约规定的提取率提取和提前终止合约。然而，2015 年 Azimzadeh 和 Forsyth[2]表明，在离散提取条件下，GMWB 定价模型的上述 bang-bang 最优提取策略失效。如果没有 bang-bang 提取策略所提供的简化方法，设计一种有效的离散提取下提取量的搜索算法仍然是一个挑战。

大多数关于 GMWB 定价的早期研究都假设标的风险资产价格服从几何布朗运动模型，其利率和波动率均为常数。最近的研究对标的风险资产价格模型的选择、数值方法的设计和对冲策略的实施进行了扩展。2008 年，Chen 等[22]在标的风险资产价格中加入了跳跃，并探讨 GMWB 条款收取的保费是否足以支付对冲的成本。他们探讨了各种模型假设对投保人最优提取策略的影响，以及次优提取策略对合约价值的影响。2012 年，Peng 等[75]在 Vasicek 利率模型下推导了给定提款策略下 GMWB 价格的上下限的解析近似值。2015 年 Yang 等[45]则在 Hull-White 利率模型下建立了 GMWB 定价的二维二叉树定价模型。随后，Shevchenko 和 Luo[80]在 2017 年提出了二维的 Gauss-Hermite 积分方法，对两个相邻提款日的价值函数的期望进行了计算。在 Vasicek 利率模型下，考虑优化提取策略下的 GMWB 数值定价，以对两个相邻提款日的价值函数的期望进行计算。2015 年，Costabile[23]则提出了在 Regime-Switching 模型下定价 GMWB 的三叉树方法。2015 年，Yang 等[90]在 Hull-White 利率模型下建立了 GMWB 定价的二维二叉树定价模型。2018 年，Kang 和 Ziveyi[61]使用线性算法分析了随机利率和随机波动率下的投保人的提前终止决策。Gudkov 等[49]采用多维有限差分格式中的分量分解法（componentwise splitting approach），在随机利率、随机波动性和随机死亡率下对 GMWB 进行定价。含有 GMWB 条款的变额年金定价的其他数值方法包括 Ignatieva 等[59]采用的快速傅里叶变换法和 Costabile[23]运用的树方法（flexible lattice tree method）。2016 年，Bacinello 等利用不同 Lévy 过程特征函数的显式表达式，采用傅里叶时空步进法（Fourier space time-stepping method）对不同 Lévy 过程和投保人行为下的 GMWB 进行定价。2018 年，Alonso-García 等[1]结合傅里叶—余弦变换法（Fourier cosine transform method）设计更精细的递归动态规划程序对 GMWB 进行定价和对冲。该文提出了一种局部风险最小化方法（local risk minimization approach），以对冲提款日之间的风险，并且在一般的 Lévy 过程框架下考虑了不同风险管理措施。

尽管现有的学术文献研究了在多种随机模型下为 GMWB 产品定价的数值方法，但仍有人寻求更有效的数值方法来对 GMWB 进行定价，以便在倒推过程中对合约期望价值进行计算，并有效地寻找最优提款策略。一方面，有限差分法和网格树方法（lattice tree methods）通常需要大量的时间在两个相邻提款日之间对期望进行计算。另一方面，傅里叶变换法和数值积分法可以在一个时间步内对连续提取的数据进行数值积分。然而，在快速傅里叶变换方法中，为了在投资账户和保证账户上实现跳跃条件，必须在每个提款日将价值函数从傅里叶域（Fourier domain）转换为实数域，来刻画提款和提前终止合约条款。对于一步的 Gauss-Hermite 积分方法而言，需要已知两个提款日期之间标的资产价格转移概率密度函数。因此，还需要研究更有效的搜索算法来寻找最优的提取策略，以超越现有文献中使用的直接迭代搜索。

第二，对于含有多种最低利益保证的变额年金定价和对冲策略的计算。

当变额年金合约中含有除 GMWB 以外的其他最低保证条款时，上面对 GMWB 定价的数值算法无法对变额年金合约有效定价。目前被业界广泛采用的变额年金合约的定价方法是 2008 年 Bauer 等[9]提出的蒙特卡罗（Monte Carlo）方法，该方法不仅可以广泛地适用于多种随机模型，而且适用于含有 GMDB、GMAB、GMIB 和 GMWB 等多个市场上常见的最低利益保证的变额年金合约的定价。然而，该方法在处理提前终止条款或最优提取策略求解时，计算量大且速度慢。2011 年，Bacinello 等[4]采用最小二乘蒙特卡罗方法对变额年金在给定提取策略和可提前终止合约两种模型下进行定价，他们研究了包含 GMDB 和一种最低生存利益保证（GMLB）的变额年金合约的定价方法。给定提取策略模型假定投保人不提取任何资金或提取合同规定的金额，可提前终止合约模型假定投保人按照合同规定提取或者提前终止合约。该方法没有将多种利益保证同时包含进来，并且计算成本也比较高。2015 年，Luo 和 Shevchenko[66]提出了一种利用 Gauss-Hermite 积分和三次样条插值的方法对含有 GMWB 和 GMDB 的变额年金进行定价。随后在 2016 年，他们[79]还提出了含有 GMAB 的变额年金定价的最优随机控制方法，并对现有的数值方法进行了综述。2017 年，Kélani 和 Quittard-Pinon[62]在 Lévy 过程下，对变额年金定价与风险管理方法进行了研究，他们只考虑了 GMAB（GMMB）和 GMDB 条款，没有考虑最复杂的 GMWB 条款。赵桂芹等[103]也是只考虑了含有 GMAB 和 GMDB 条款的变额年金定价，难度最大的 GMWB 定价没有被考虑。

以上的定价方法中，Bauer 等[9]的方法数值计算维度比较高，计算比较耗时，并且其风险资产的价格只考虑了几何布朗运动模型。其他现有的定价方法只考虑了 GMDB、GMWB、GMAB 和 GMIB 中的部分利益保证，没有将所有的利益保证同时考虑，并且都是在指定的风险资产价格过程下进行定价，很难将其推广到其他模型。因此，仍然需要对同时含有多种利益保证的变额年金定价进行研究，设计一套既能支持多种随机模型又能快速处理提前终止条款和求解最优提取策略的变额年金合约定价算法具有相当的理论和应用价值。

对于大型保险公司而言，每年销售的变额年金合约数目巨大，对投资组合进行风险对冲是金融机构进行风险管理的重要手段。理论上，对冲某个风险因素的本质是计算变额年金合约或投资组合价值对应于该风险因素的导数，然后以此确定相应的对冲策略。但是，由于单份变额年金合约定价的复杂性，如果按逐份合约定价的方式来计算整个投资组合的价值与相应的对冲策略，计算量巨大，无法满足日常风险管理的需要。目前，投资组合风险对冲策略的计算主要是采用嵌套模拟（nested simulation）[10]和有限差分相结合的方法。该方法虽然能支持多种随机模型并且实现简便，但是其工作量巨大。因而，2013年Gan[43]提出了采用空间插值的Kriging方法对变额年金投资组合的价值进行估计。2015年Gan等[44]又进一步提出了UKFD（Universal Kriging for Functional Data）方法对投资组合的价值和对冲策略进行估计。2016年，Hejaizi等[51]在此基础上提出了采用神经网络来进行估计的方法。这些方法的主要思想都是先从投资组合中通过聚类的方法找出一些代表性的合约进行定价并计算相应的风险对冲策略，然后通过空间插值或神经网络的方法对其余合约进行估计。较之传统方法，这些方法避免了逐份计算投资组合中合约的价值，从而使得计算速度得到了极大提高，但是当需要对冲的风险因素较多时，有限差分方法的计算速度和精度均会对整个投资组合的风险对冲策略的计算产生较大的影响[18,19,20,58]，难以满足快速有效风险管理的需要。

第三，变额年金监管资本的计算。

监管资本是现代金融风险管理中极其重要的一环，是金融机构和金融监管部门极其关注的一个重要指标。然而，现有的多数文献都关注变额年金的定价而不是风险管理，从保险公司的角度对变额年金合约的风险管理和基于风险的资本计算较少受到关注。变额年金投资组合的定价问题仅需要计算投资组合未来损失现值的期望，而监管资本的计算首先需要估计出投资组合未来损失现值的分布，然后在此分布的基础上按照监管要求，如 Solvency II，计算相应的监管资本。目前各金融机构均采用模型计价（Mark-to-Model）的方法进行计算，也就是假设未来某个时期的市场变化服从某个特定的随机过程，然后在每一种随机生成的市场情景下估计变额年金投资组合的损失[10]。当选取了足够多的市场情景之后，我们也就能够获得投资组合在未来某个时期的损失分布，从而计算相应的监管资本。模型计价法一般是通过嵌套模拟（nested simulation）来实现的。嵌套模拟顾名思义是模拟中嵌套着模拟，即外层模拟用来模拟未来某个时期可能的市场情景，内层模拟则在给定的市场情景下对投资组合在风险中性测度下进行定价。由于其巨大的工作量，嵌套模拟是近年来金融计算上的一个挑战[42]。为了减少嵌套模拟中的嵌套层数，2009 年 Schrager 等[78]提出了采用复制组合的方式，复制寿险中未来的现金流，从而避免了通过内层模拟对寿险进行估值，但是当投资组合规模巨大时，有效地建立复制组合是十分困难的。2009 年，Cathcart 等[18]提出了基于最小二乘蒙特卡罗方法对变额年金投资组合的监管资本进行计算，该方法通过线性回归的方式估计变额年金合约价值，从而减少嵌套模拟中内层定价模拟的工作量，但是如何选取最小二乘方法中的基函数是该方法有待解决的一个难题。2010 年，Gordy 等[48]提出了在给定总计算量的前提下，如何有效分配内外层模拟的次数以达到最佳计算效果。然而，如果要获得相当精度的计算结果，所需总体计算量依然巨大。至今，如何有效地减少嵌套模拟的计算量或是设计替代嵌套模拟的算法仍是当前的一个热点问题[42]。2012 年，Feng 和 Huang[36]基于 Black-Scholes 模型，推导出了 GMMB 和 GMDB 对应的保险公司负债总额和负债净额的风险指标的解析表达式。2014 年，Feng 和 Volmer[40]还提出了两种谱方法，即谱展开法（spectral expansion approach）和格林函数法（Green function approach），以加速计算 GMDB 和 GMMB 的风险度量。2017 年，Feng 等[37]在几何布朗运动下，探讨了计算含有 GMDB 的变额年金风险测度的共单子界（comonotonic bounds）方法。2017 年，Cui 等[28]提出了一种基于 Hermite 级数展开的方法，对含有 GMMB 和 GMDB 变额年金进行风险度量。对于 GMWB 条款，Feng 和 Volmer[40]、Feng 和 Vecer[38]利用监管资本计算仅需要尾部损失信息这一特点，对单个 GMWB 合约的损失分布的尾部情况建立了偏微分方程，有效地替代了监管资本计算中的嵌套模拟方法，计算效率很高，但是该方法仅对几何布朗运动下基本的 GMWB 条款进行了研究，有一定的局限性，很难推广到非几何布朗运动或包含其他最低利益保证的变额年金合约或投资组合的监管资本计算。2018 年，Gan 和 Valdez[45]、Xu 等[86]分别采用回归和机器学习方法度量和管理大型变额年金投资组合的风险。由于投资组合规模大，这些方法可以显著减少计算时间，但蒙特卡罗方法[9]仍用于单个变额年金合约的定价和风险度量[45,86]。

另外，变额年金合约通常包含不止一种利益保证，当同时考虑 GMDB 和 GMWB 两种利益保证时，风险管理必须考虑两个停止时间，即投保人死亡时间和投资账户为零的时间。在计算变额年金负债时，很难同时处理这两个停时。到目前为止，除了嵌套模拟方法，还没有任何其他方法能够计算出具有多种最低利益保证的负债。因此，对含有多种利益保证的变额年金风险度量依然是一个值得探讨的问题。

在国内，关于变额年金的研究成果与国外相比相对较少。早期自

1991年起，何孝允和李秀芳[95]、张弘林[102]、楚军红[92]、王修文和祝波[99]、王旭和邱华龙[98]、邢祎玮和李奕瑷[100]、刘经纶[110]从定性的角度对变额年金做了初步的介绍，发现了变额年金在发达国家解决养老问题的作用，分析了变额年金在我国的发展前景、困难与市场意义。范堃等[94]分析了我国变额年金市场发展中存在的问题，提出我国应该完善健全变额年金市场的税收优惠政策，增强变额年金产品对投资者的吸引力。在变额年金的定量分析方面，国内文献关于变额年金定价的研究包括：左佳明[117]、刘迪[109]、蔡晓晴[104]、丁江玲[106]、李凤红[108]、张荣明[116]、凌娟[111]等学位论文对变额年金的定价方法进行了一些介绍。赵桂芹等[103]对含有GMDB和GMAB的变额年金投资组合保险策略绩效进行了比较。邓庆彪和李方方[93]对变额年金保险中最低提取利益保证（GMWB）的定价模型进行了研究。刘革和吴珊[97]基于蒙特卡罗方法对含有最低提取利益保证（GMWB）的变额年金进行了定价。随后，刘革和凌娟[96]对变额年金中终身提取利益保证（GLWB）的定价进行了研究。在风险管理方面，戴怡然[105]、郭超[107]、彭晓磊[113]等分别对变额年金最低累积利益保证风险管理模式、风险控制和保单持有人行为对风险对冲的影响进行了研究。王旭和邱华龙[98]对变额年金在我国的应用及风险管理进行了探讨。王锦东[114]在随机利率模型下，研究了变额年金产品的风险度量方法。

目前我国变额年金保险还处于起步阶段，授权的保险公司也都在积极讨论变额年金的定价和风险管理方法，国内关于变额年金的研究相对较少。本书分别从投保人和保险公司两个角度全面审视变额年金合约。从投保人的角度来研究变额年金的市场价值和提取策略；从保险公司的角度来研究变额年金的定价、对冲以及风险度量。本书对变额年金的定价与风险管理研究具有积极的理论与现实意义。

第三节 研究方法

一、柳树法

柳树法（Willow tree method）是国际上已被业界采用的树形定价方法，最早由 Curran[29]在 2001 年提出，Haussmann 和 Yan[50]在此基础上进行了改进，并在几何布朗运动下对期权进行定价，给出收敛性证明。2013 年，Xu 等[87]对柳树法进行了改进和推广，使其不仅能够适用于普通期权的定价，还适用于较为复杂的特种期权定价[87,88,63,64,65,84,68,69]。柳树法是树形法的一种，是用每个时刻上离散值表示资产价格的分布，用转移概率刻画分布随时间的变化。图 1.1 为一个含有 4 个时刻和 5 个空间节点的柳树结构示意图。对于一般的柳树结构，每个时刻的空间节点（资产价格）数相同，空间节点个数不随时间变化，空间节点数是常数，在期权定价中一般取 30 至 50。柳树法通过产生随机正态分布数来构造马尔科夫链，进而通过变换得到相应的随机过程。资产价格柳树的构建主要分为两步：第一步，计算柳树上每个节点的资产价格；第二步，计算转移概率。2000 年，Ho[53]证明了当时间步数趋近于无穷大时，离散的马尔科夫链将收敛于几何布朗运动。2013 年，Xu 等[87]对 Curran 提出的柳树法中资产价格的采样方式进行了改进，可以更好地估计小样本的标准正态分布特征，并在此基础上对金融衍生品进行定价。

对于不同随机模型下的柳树构建，Xu 等[87]、Xu 和 Yin[88]、Dong 等[32]和 Ma 等[69]分别介绍了风险资产价格服从几何布朗运动、Merton 跳扩散模型、CEV 模型和随机波动率模型下的柳树构建。相比于二叉树方法，柳树法在对复杂的特种金融衍生品进行定价时，计算效率较

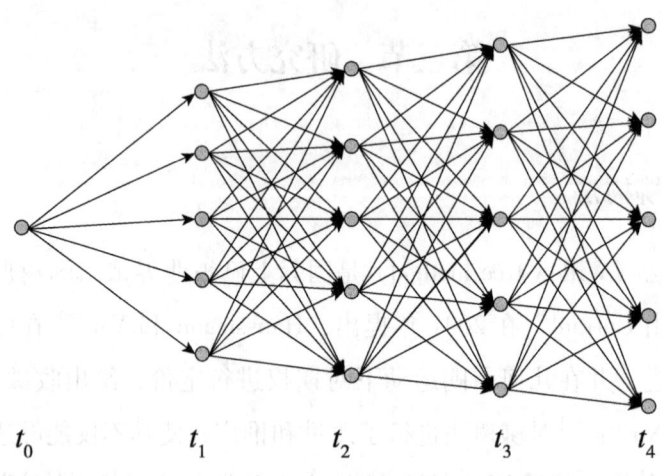

图 1.1　柳树结构示意图

高,可以节约计算时间和存储空间,并且保证了定价的精度,被应用于多路径依赖的期权和金融衍生品的定价。2013 年,Xu 等[87]基于改进的采样方法,研究了路径依赖期权定价,包括亚式期权和美式移动平均期权定价。2014 年,Xu 和 Yin[88]在 Merton 跳扩散模型下,基于柳树法研究了美式期权定价。2016 年,鲁玲[112]基于柳树法研究了特种期权及其他金融衍生品定价。2017 年,Lu 等[65]研究了亚式期权定价的快速收敛超线性数值方法。Lu 和 Xu[63]在随机利率模型下,基于二维柳树研究可转换债券的定价。Lu 等[64]研究了欧式和美式滑动平均障碍期权定价。姚怡等[101]研究了基于柳树法的跳扩散模型下的亚式期权定价。2018 年,Wang 和 Xu[84]提出了单因子短期利率模型的柳树法框架。2020 年,Ma 等[68]研究了随机股票价格及随机利率下,基于二维柳树的中国市场可转换债券定价。Ma 等[69]提出了随机波动率下 Heston、3/2、4/2、Hull-White、Stein-Stein 和 α-Hypergeometric 模型等,并基于此对期权定价。

二、柳树法研究变额年金的优势

含有多种利益保证的变额年金产品合约较为复杂，条款具有较强的路径依赖性，与金融衍生品性质有很多相似点。尽管现有的学术文献研究了在多种随机模型下变额年金产品的定价，但是计算效率和模型通用性还有待进一步提升。与传统的网格定价方法、有限差分方法相比，柳树法可以运用标的资产价格过程的概率分布，更有效地将节点的值适应于不同的标的资产价格模型。相比于其他树形方法定价变额年金产品[27,89]，柳树法改进了数值方法的效率，降低了计算复杂度。

本书在柳树法的基础上，对变额年金进行定价与风险度量。柳树构建过程与定价过程相互独立，包括处理优化提取策略模型下定价、提前终止条款和账户价值更新等，因此也很容易将风险资产价格模型推广到其他一般的随机模型。由于柳树结构简单，GMWB 条款最优提取策略求解的离散随机控制问题可以简化为连续的一维优化问题。对于含有多种利益保证的变额年金定价，柳树法可以通过柳树节点和对应的概率对定价公式中的期望进行简单的求解，在保证定价精度的基础上，提高计算效率。对于变额年金的风险度量，目前只有嵌套模拟的方法对含有多种最低利益保证的变额年金进行风险度量。基于柳树法计算 VaR 和 CTE，在保证计算精度的同时提高了计算效率，为保险公司管理风险、计算准备金和风险资本提供了一种实用的工具。尤其当保险公司有大量变额年金投资组合时，本书的计算方法对于保险公司而言可以节省大量的计算时间。

第四节　主要创新及结构安排

本书主要研究变额年金的定价与风险度量方法。对含有多种最低利益保证的变额年金合约进行定价与风险度量包括最低提取利益保证（GMWB）、最低死亡利益保证（GMDB）、最低累积利益保证（GMAB）、最低到期利益保证（GMMB）和最低收益利益保证（GMIB）等。含有多种最低利益保证的变额年金账户价值具有很强的路径依赖性，同时计算维度比较高，尤其是对优化提取策略模型下的 GMWB 的定价相对比较困难，计算成本也相对较高。本书在此基础上提出了变额年金的柳树法定价框架，并提出了风险度量的方法。

本书主要的创新点如下：

1. 提出了一般随机模型下含有 GMWB 的变额年金定价的数值方法，在静态（static）、混合（mix）和动态（dynamic）三种提取策略下分别对 GMWB 进行定价，并且提出了一个优化算法寻找动态最优提取策略。柳树构建过程和定价过程相互独立，在不同的风险资产价格过程下定价，只需要改变相应柳树的构建过程。数值实验与其他方法对比，体现了本书方法具有较高的精度，适用于多种随机模型，并且降低了计算成本。

2. 提出了同时含有 GMDB、GMAB、GMIB 和 GMWB 等多种最低利益保证的变额年金合约的定价和希腊值的计算方法，数值结果与蒙特卡罗方法进行对比，体现本书方法具有较高的精度，并且减少了计算维度，大幅降低了计算时间，提高了计算效率，并且对参数的敏感性进行了分析。

3. 从保险公司的角度计算变额年金合约负债，提出了变额年金风险度量中 VaR 和 CTE 的数值计算方法，以用于监管资本的计算。相比于现有的嵌套模拟方法，在保证计算精度的同时提高了计算效率，尤其当保险公司有大量变额年金合约时，本书的计算方法对于保险公司而言可以节省大量的计算时间，为保险公司管理风险、计算准备金和监管资本提供了一种实用的工具；提出了风险管理建议，建议保险公司对冲利率带来的风险，并根据投保人的年龄制定相应的对冲策略；在实验中发现增加保费并不一定会降低合约的 VaR 或 CTE，保险公司应积极管理风险，降低风险指标，并仔细审查增加保费的决策。

本书共六章，具体结构安排如下：

第二章介绍了变额年金合约及其最低利益保证条款，然后分别从投资者和保险公司的角度介绍变额年金合约价值与保险公司的负债。

第三章在柳树法的基础上，提出了含有最低提取利益保证（GMWB）的变额年金合约的数值定价方法。含有 GMWB 的变额年金合约允许投资者定期从投资账户中提取一定比例的现金，无论投资收益如何，投资者有一个最低收益的保证。本章首先在几何布朗运动、Merton 跳扩散模型和 CEV（Constant Elasticity of Variance）模型下构建标的风险资产价格柳树，然后在给定提取策略（static）、可提前终止合约（mix）和优化提取策略（dynamic）三种提取策略下分别对 GMWB 进行定价。在优化提取策略下，将离散的随机控制问题简化为求解一维有约束的最优化问题，并提出求解最优提取策略的算法。柳树构建过程和定价过程相互独立，在不同的风险资产价格过程下定价，只需要改变相应柳树的构建过程。相比于现有的二叉树方法、蒙特卡罗法、数值积分法、有限差分方法和快速傅里叶变换方法等，数值实验表明运用本书的方法对 GMWB 进行定价节约了大量的计算时间，并且能达到相当的精度，具有较高的通用性。最后，对模型参数进行敏感性分析，并且探索了对冲的效果。

第四章提出了含有 GMAB、GMIB、GMDB 和 GMWB 等多种最低利益保证的变额年金数值定价方法。同时考虑了返回初值型、Roll-up 型和 Ratchet 型的最低利益保证。相比于现有的方法，本章方法降低了计算维度。通过数值实验与蒙特卡罗方法进行对比，体现了本章提出的方法精度较高，并且提高了计算效率，同样可以推广到其他随机模型。

第五章从保险公司的角度计算变额年金合约负债，分别在固定利率和浮动利率下，提出变额年金风险度量中 VaR 和 CTE 的数值计算方法，相比于现有的嵌套模拟方法，在保证计算精度的同时提高了计算效率，尤其当保险公司有大量变额年金合约时，本书的计算方法对于保险公司而言可以节省大量的计算时间，为保险公司管理风险、计算准备金和监管资本计算提供了一种实用的工具，并提出了风险管理建议。

第六章，对全书研究内容进行总结，并阐述本书研究方法的优势与局限。

第二章
变额年金合约介绍与建模

本章首先介绍变额年金合约以及其常见的最低利益保证，包括最低死亡利益保证（GMDB）、最低累积利益保证（GMAB）、最低收益利益保证（GMIB）和最低提取利益保证（GMWB），然后分别从投资者和保险公司的角度介绍变额年金合约价值与保险公司的负债净额。

第一节 变额年金合约及其最低利益保证

变额年金是保险公司出售的具有参股权的年金产品。投保人预付保险费投资于由共同基金和其他投资工具组成的个人投资账户，同时按照合约约定具有最低利益保证。与传统的年金相比，变额年金的保单利益与投资账户相关联。在标的基金和投资工具表现良好时，可以获得比传统年金更高的收益。在标的基金和投资工具表现欠佳时，变额年金仍然能够为投保人提供最低利益保证，保留传统年金的优点。变额年金合约为投保人提供了管理长期储蓄和提供退休后收入的机会，同时保护投保人不受投资和死亡风险的影响。

变额年金合约中嵌入了各种类型最低利益保证，简称为GMxB（x型最低利益保证），包括最低死亡利益保证（GMDB）、最低累积利益保证（GMAB）、最低到期利益保证（GMMB）、最低收入利益保证（GMIB）和最低提取利益保证（GMWB）。这些利益保证特性是变额年金在国际市场日益流行的原因。保险公司定期在投资账户上按比例收取保费，以便为附加条款提供资金，来作为嵌入担保条款的对冲成本。然而，变额年金合约嵌入的利益保证的市场风险和死亡率风险，使得其定价和风险管理具有一定的挑战性。下面分别介绍变额年金合约常见的最低利益保证。

1. 最低死亡利益保证（GMDB）

最低死亡利益保证（GMDB）保证投保者死亡时刻，受益人得到最低死亡利益保证金。如果投保人死亡时投资账户价值低于保单约定的最低死亡利益保证金，受益人可以得到最低死亡利益保证金。若此时投资账户价值高于保单约定的最低死亡利益保证金，受益人可以得到投资账户的全部余额。

最低死亡利益保证金可以是固定值（通常为初始投资值），也可能在合约期限内随时间而变化。常见的三种类型的最低死亡利益保证金分别为返回初值型、Roll-up型和Ratchet型。返回初值型最低死亡利益保证金为初始投资；Roll-up型最低死亡利益保证金在初始投资的基础上，以约定的比例（Roll-up rate）依复利增长；Ratchet型最低死亡利益保证金更新为当前时刻保证账户和投资账户两者的最大值。

2. 最低累积利益保证（GMAB）和最低到期利益保证（GMMB）

最低累积利益保证（GMAB）保证投保者在累积期（Accumulation period）后或规定的时间段（通常为10年左右）收到最低累积利益。如果投保者在合约到期日依然存活，最低到期利益保证（GMMB）保证投保者在到期日收到最低到期利益保证金。

3. 最低收入利益保证（GMIB）

如果投保者在合约到期日依然存活，最低收入利益保证（GMIB）在合约到期日提供给投保人三种选择：（1）提取投资账户余额；（2）将投资账户余额转变成一个固定年金；（3）将最低利益保证金按照合约初始时刻约定的年金转换因子（Annuitization rate）转变成固定年金。最低收入利益保证金通常为 Roll-up 型或者 Ratchet 型。

4. 最低提取利益保证（GMWB）

在变额年金产品中，最受欢迎的担保附加条款之一是最低提取利益保证（GMWB）。GMWB 允许投保人定期提取总年金保费的固定百分比，无论资产组合的市场表现如何。即使投保人的个人投资账户由于资产组合的不良表现而变为零，提取款项也会得到保证，直到总初始投资被取回。在有利的投资回报下，如在到期时投资账户收益较好，投保人有权在到期时收到投资账户或保证账户的剩余余额，以较高者为准。在优化提取策略下，保单持有人可在投资账户限额内提取任何金额，可低于、等于或高于合约规定的金额。另外，投保人有提前退保的权利，也就是将投资账户里的余额全部提取，提前终止合约。合约通常会做一些规定，用来控制提取超过合约规定金额的提款，通常是对高于合约约定金额的提款金额收取一定的罚款。另一个控制过度提款的措施是实施重置保证账户价值，保证账户可以重置为当前保证账户水平和投资账户价值的最小值。

第二节　变额年金合约价值与保险公司负债

本书分别从投保人和保险公司两个角度来全面审视变额年金合约。

从投保人的角度研究变额年金的市场价值和提取策略；从保险公司的角度研究变额年金的负债水平从而进行风险管理。下面分别对变额年金合约价值与保险公司负债的计算进行介绍。

考虑一个年龄为 x 的投保者，投资一个期限为 T 的变额年金合约，合约包含 GMDB、GMAB（GMMB）、GMIB 和 GMWB 等最低利益保证。在合约初始时刻，投保人投资 W^0 至投资账户，通常投资于一个共同基金或是股票类金融产品。投资账户的价值根据所投资的风险资产的价格变动。假设在合约期限 $[0, T]$ 内，投保人可提取收益 N 次，记为 $0 = t_0 < t_1 < \cdots < t_N = T$，其中 $t_n = n\Delta t$ 和 $\Delta t = \dfrac{T}{N}$。我们假设提前终止条款（surrender）只能在提款日 t_n 实施。本书主要在固定利率下考虑变额年金产品的定价，利率为常数，记为 r（第五章第三节特殊说明除外）。

记在 t 时刻风险资产价格为 $S(t)$，投资账户的价值为 $W(t)$，其中 $W(0) = W^0$。每个单位时间保险公司从投资账户收取一定比例的保费 α（mortality and expense fee，M&E 保费，包括基金的管理费和保证收益的保险费）。假设提取收益只在提款日 t_n 进行，记 t_n^- 和 t_n^+ 为 t_n 时刻提款之前和提款之后。$W(t_n^-)$ 和 $W(t_n^+)$ 分别为提款日 t_n 提款之前和提款之后对应的投资账户价值。记 t_n 时刻提取金额为 ξ_n，若给定一个风险资产价格过程 $S(t)$，投资账户价值 $W(t)$ 在每个提款日 t_n 的变化如下。

在 t_n^- 时刻，即提取收益之前，投资账户价值 $W(t_n^-)$ 根据 $(t_{n-1}, t_n]$ 时间内风险资产价格 $S(t)$ 变化，表达式为

$$W(t_n^-) = W(t_{n-1}^+) \frac{S(t_n)}{S(t_{n-1})} e^{-\alpha \Delta t} \tag{2.1}$$

由于 ξ_n 可能大于 $W(t_n^-)$，投资账户的价值可能变为零。在 t_n^+ 时，提取收益 ξ_n 之后，账户价值减小为

$$W(t_n^+) = \max\{W(t_n^-) - \xi_n, 0\} \tag{2.2}$$

若变额年金合约含有 GMDB 条款，如果投保者在 t 时刻死亡，合约保证投保者在死亡时刻得到最低死亡利益保证金 G_D^t。最低死亡利益保证金 G_D^t 可以为常数，也可以随时间而变化。

若变额年金合约含有 GMAB 或 GMIB 条款，如果投保者在合约到期日 T 还存活，GMAB 保证投保者在到期日收到最低累积利益保证金 G_A。GMIB 在合约到期日提供给投保人三种选择：（1）提取账户余额；（2）将账户余额转变成一个固定年金；（3）将最低收入利益保证金 G_I 按照合约初始时刻约定的年金转换因子（Annuitization rate）转变成固定年金。

若变额年金合约含有 GMWB 条款，合约保证投保者在整个合约的期限内可以提取指定的金额 G_W（通常为初始投资 W^0）。无论账户价值是否为零，投保者可以按照合约规定，从账户中定期提取一定的比例 X_w 的收益，即 $G = X_w G_W$。同时，投保者也可以提取少于或者多于指定的金额，但超出部分需要收取一定比例 η 的罚金。在合约到期日 T，投资账户的余额会返还给投资者。

另外两个影响 GMWB 合约价值的因素为死亡风险以及提前终止合约的权利。如果投资者在 $(t_{n-1}, t_n]$ 时间内死亡，合约在 t_n 时刻终止，并且将投资账户中剩余的金额返还给受益人。由于调查和行政工作延误了保险金的支付，与文献[36]中的情况类似，我们假设保险金是在投保人死亡后的下一个保单周年日支付的。同时，投保人可以在合约期限内提前终止合约。

一、变额年金合约价值

本节从投保人的角度介绍含有不同最低利益保证条款的变额年金合约价值。在变额年金合约包含的这些最低利益保证中，GMWB 是最复杂的附加条款,因为只有该条款需要考虑投资者的最优选择,账户价值具有很强的路径依赖性。所以本节从投资者的角度先单独考虑最优提取策略下 GMWB 条款的价值,然后再将所有的最低利益保证条款放在一起考虑,讨论变额年金的合约价值。

1. 仅含有 GMWB 的变额年金合约价值

记在 t 时刻 GMWB 保证账户的价值为 $A(t)$,即 $A(0) = G_W$。在 t_n 时刻,如果没有更新条款(reset provision),保证账户价值为

$$A(t_n^+) = \max\{A(t_n^-) - \xi_n, 0\} \tag{2.3}$$

如果含有更新条款(reset provision),保证账户价值 $A(t)$ 在提款日 t_n 减少的量相对比较复杂,这也意味着保险公司不鼓励投资者提取超过合约规定的金额 G。本书中,我们采用 pro-rata 调整方法[3],提款后保证账户价值 $A(t_n^+)$ 变为

$$A(t_n^+) = \begin{cases} A(t_n^-) - \xi_n, & \xi_n \leq \min\{G, A(t_n^-)\} \\ \max\left\{\min\left\{A(t_n^-) - \xi_n, A(t_n^-)\frac{W(t_n^-) - \xi_n}{W(t_n^-)}\right\}, 0\right\}, & \xi_n > \min\{G, A(t_n^-)\} \end{cases} \tag{2.4}$$

当提取金额大于 $\min\{G, A(t_n^-)\}$ 时,保证账户减小的金额为 $A(t_n^-) - \xi_n$ 和 $A(t_n^-)$ 乘以 pro-rata 因子 $\frac{W(t_n^-) - \xi_n}{W(t_n^-)}$ 两者的最大值。

其他文献中也有一些其他更新条款,例如文献 [1] 中描述的 $A(t_n^+)$ 更新方式为

$$A(t_n^+) = \begin{cases} \max\{A(t_n^-) - \xi_n, 0\}, & \xi_n \leq G \\ \max\{\min\{A(t_n^-) - \xi_n, W(t_n^-) - \xi_n\}, 0\}, & \xi_n < G \end{cases} \tag{2.5}$$

这种更新方式,在 $W(t_n^-) < A(t_n^-)$ 时,不鼓励投资者提取金额超过 G。

当投资者提取金额超过 G 时,保险公司需要收取一定比例 η 的罚

金，投资者在 t_n 时刻的净提取金额为

$$\tilde{\varphi}(t_n) = \begin{cases} \xi_n, & 0 \leq \xi_n \leq G \\ G + (1-\eta)(\xi_n - G), & \xi_n > G \end{cases} \quad (2.6)$$

记 $V(W(t_n^-), A(t_n^-), t_n^-)$ 为 t_n^- 时刻含有 GMWB 的变额年金价值。合约价值可以根据投资者未来在 $t_n, t_{n+1}, \cdots, t_{N-1}$ 和 T 时刻的最优提款策略和相应的现金流的贴现求得。记提款策略为 $\xi = \{\xi_n, \xi_{n+1}, \cdots, \xi_{N-1}\}$，利率为常数 r。假设投资者在合约到期日 T 依然存活，并且投资者没有选择提前终止条款，合约价值为

$$V(W(t_n^-), A(t_n^-), t_n^-) = \sup_{\xi} \left\{ \mathbb{E}_Q \left[e^{-r(T-t_n)} \max\{W(t_N^-), \tilde{\varphi}(t_N)\} + \sum_{j=n}^{N-1} e^{-r(t_j-t_n)} \tilde{\varphi}(t_j) \,\Big|\, W(t_n^-), A(t_n^-) \right] \right\} \quad (2.7)$$

另外两个影响 GMWB 合约价值的因素为死亡风险以及提前终止合约的权利。如果投资者在 $(t_{n-1}, t_n]$ 时间内死亡，在 t_n 时刻合约终止，并且将投资账户中剩余的金额返还给受益人。

2. 含有多种最低利益保证的变额年金合约价值

下面考虑含有 GMAB（GMMB）、GMDB、GMIB 和 GMWB（给定提取策略）等多种最低利益保证的变额年金合约价值。本书将 GMAB 的累积期假设为合约期限 T，故 GMAB 条款的性质和 GMMB 类似。记 C_t 为初始时刻到 t 时刻累积的提取收益（贴现到 t 时刻），D_t 为 t 时刻的死亡收益，L_T 为合约到期收益。

给定提取策略 $\xi = \{\xi_n\}, n = 1, \cdots, N$，若投保者在 t_n 时刻死亡，投保者会得到一定的死亡收益 $D_{t_n}(W(t_n), t_n; \xi)$ 和提取收益 $C_{t_n}(t_n; \xi)$。若投保者在合约到期日 T 时刻还存活，则会收到到期收益 $L_T(W(T), T+1; \xi)$ 和提取收益 $C_T(T+1; \xi)$。其中，$T+1$ 代表投资者到期时候依然存活，死亡时刻在合约到期日以后。因此，含有

GMAB、GMDB、GMIB 和 GMWB 多种利益保证的变额年金合约的初始价值为[9]

$$V^0(\boldsymbol{\xi}) = \sum_{n=1}^{N} {}_{t_{n-1}}\tilde{P}_x \cdot {}_{\Delta t}\tilde{Q}_{x+t_{n-1}} \mathbb{E}_Q[e^{-rt_n}(C_{t_n}(t_n;\boldsymbol{\xi}) + D_{t_n}(W(t_n),t_n;\boldsymbol{\xi}))] \\ + {}_T\tilde{P}_x \mathbb{E}_Q[e^{-rT}(L_T(W(T),T+1;\boldsymbol{\xi}) + C_T(T+1;\boldsymbol{\xi}))],$$
(2.8)

式中，${}_t\tilde{P}_x$ 是年龄为 x 的投保者在未来 t 年的生存概率，${}_{\Delta t}\tilde{Q}_{x+t_{n-1}}$ 是年龄为 x 的投保者在 t_{n-1} 时刻存活的条件下，在 $(t_{n-1}, t_{n-1}+\Delta t]$ 时间内的死亡概率。

为了定价公式计算方便以及延续文献［9］中常用的符号表达，若投保者在 t_n 时刻死亡，将死亡收益和提取收益贴现到 T 时刻分别记为 $D_T(W(t_n),t_n;\boldsymbol{\xi}) = e^{r(T-t_n)}D_{t_n}(W(t_n),t_n;\boldsymbol{\xi})$ 和 $C_T(t_n;\boldsymbol{\xi}) = e^{r(T-t_n)}C_{t_n}(t_n;\boldsymbol{\xi})$。公式（2.8）可以写为

$$V^0(\boldsymbol{\xi}) = \sum_{n=1}^{N} {}_{t_{n-1}}\tilde{P}_x \cdot {}_{\Delta t}\tilde{Q}_{x+t_{n-1}} \mathbb{E}_Q[e^{-rT}(C_T(t_n;\boldsymbol{\xi}) + D_T(W(t_n),t_n;\boldsymbol{\xi}))] \\ + {}_T\tilde{P}_x \mathbb{E}_Q[e^{-rT}(L_T(W(T),T+1;\boldsymbol{\xi}) + C_T(T+1;\boldsymbol{\xi}))]$$
(2.9)

由于含有 GMWB、GMDB、GMAB 和 GMIB 的变额年金合约条款比较复杂，账户价值、利益保证金和合约价值具有较强的路径依赖性，定价公式（2.9）中的各个变量以及期望值的求解难度比较大，通常只能运用蒙特卡罗方法[9]。本书在此基础上提出了一种简洁有效的数值计算方法。

二、保险公司负债计算

保险公司与投保者签订一个含有多种最低利益保证的变额年金合约后，保险公司可能在未来时间需要支付给投保者一定的金额。本节从保险公司的角度，首先分别对 GMDB、GMMB 和 GMWB（给定提取策略）每一种最低利益保证的负债进行刻画。然后，对同时含有以上三种最低

利益保证的变额年金负债进行刻画,从而确定风险指标 VaR 和 CTE。

记 τ_x 为年龄为 x 的投保者未来生存的时间长度。变额年金的负债由账户价值路径 $\{W(t),0\leqslant t\leqslant T\}$ 以及投保者未来生存的时间长度 τ_x 决定。下面用变量 L_0 刻画在不同的账户价值路径 $\{W(t),0\leqslant t\leqslant T\}$ 和 τ_x 时,变额年金的负债净额。然后根据账户价值过程 $W(t),0\leqslant t\leqslant T$ 和 τ_x 的分布来确定 L_0 的分布,进而用于计算变额年金的风险指标 VaR 和 CTE。

1. GMDB 的负债一般依赖于投保人的生存与否。GMDB 保证受益人在投保人死亡时刻 τ_x 收到最低死亡利益保证金 $G_D^{\tau_x}$ 和投资账户价值 $W(\tau_x)$ 两者的最大值。最低死亡利益保证通常是 Roll-up 型,即最低死亡利益保证每年以一个比率 i_r 增加,直至合约终止。通常,i_r 比无风险利率小,即 $0\leqslant i_r\leqslant r$。给定 τ_x 和 $W(\tau_x)$,GMDB 的负债总额是保险公司未来支出现金流的贴现值,即为

$$e^{-r\tau_x}\left(e^{i_r\tau_x}G_D^0 - W(\tau_x)\right)^+ \mathbb{I}(\tau_x\leqslant T) \tag{2.10}$$

式中,G_D^0 是 GMDB 条款初始时刻对应的最低死亡利益保证金,$\left(e^{i_r\tau_x}G_D^0 - W(\tau_x)\right)^+ = \max\{e^{\delta\tau_x}G_D^0 - W(\tau_x),0\}$,$\mathbb{I}(\cdot)$ 是示性函数。直到 τ_x 时刻,GMDB 条款产生的收益为 $\int_0^{T_x\wedge T}e^{-rs}\alpha_D W(s)\mathrm{d}s$,其中 α_D 是 GMDB 条款对应的保费,其中,$\tau_x\wedge T = \min\{\tau_x,T\}$。用变量 L_0^D 刻画只含有 GMDB 的变额年金的负债净额。若给定账户价值路径 $\{W(t),0\leqslant t\leqslant T\}$ 和投保者未来生存的时间长度 τ_x,GMDB 的负债净额 L_0^D 为

$$L_0^D = e^{-r\tau_x}\left(e^{\delta\tau_x}G_D^0 - W(\tau_x)\right)^+ \mathbb{I}(\tau_x\leqslant T) - \alpha_D\int_0^{\tau_x\wedge T}e^{-rs}W(s)\mathrm{d}s \tag{2.11}$$

2. GMMB 条款保证投保者在合约到期日 T 时(投保者在合约到期日还存活),得到最低到期利益保证 G_M 和投资账户价值 $W(T)$ 两者的最大值。如果投资账户价值损失较大,在合约到期日,保险公司将要面

临一定的赔付。GMMB 条款的负债总额为

$$e^{-rT}(G_M - W(T))^+ \mathbb{I}(\tau_x > T) \qquad (2.12)$$

用变量 L_0^M 刻画只含有 GMMB 的变额年金的负债净额。若给定账户价值路径 $\{W(t), 0 \leq t \leq T\}$ 和投保者未来生存的时间长度 τ_x，收取保费后，GMMB 的负债净额 L_0^M 为

$$L_0^M = e^{-rT}(G_M - W(T))^+ \mathbb{I}(\tau_x > T) - \alpha_M \int_0^{\tau_x \wedge T} e^{-rs} W(s) \mathrm{d}s \qquad (2.13)$$

式中，α_M 是 GMMB 条款收取的保费，G_M 是 GMMB 条款最低到期利益保证金。

3. GMWB 条款保证投保者可以单位时间从投资账户里提取一定的金额 w，直到最低提取利益保证金 G_W 全部被提取。显然，在投资账户价值到 0 之前，保险公司不需要赔付，记

$$\tau_0 = \inf\{t: W(t) \leq 0\} \qquad (2.14)$$

换句话说，如果投资账户在合约到期日之前变为 0，投保者提取的金额 w 将要由保险公司来支付。因此，GMWB 条款对应的负债总额为

$$\int_{\tau_0 \wedge T}^T e^{-rs} w \mathrm{d}s \qquad (2.15)$$

由于保险公司要从投保者的投资账户中收取一定的保费 α_W，只有当投资账户价值大于 0 时才会有保费收取。用变量 L_0^W 刻画只含有 GMWB 的变额年金的负债净额。若给定账户价值路径 $\{W(t), 0 \leq t \leq T\}$，GMWB 的负债净额为

$$L_0^W(W) = \int_{\tau_0 \wedge T}^T e^{-rs} w \mathrm{d}s - \alpha_W \int_0^{\tau_0 \wedge T} e^{-rs} W(s) \mathrm{d}s \qquad (2.16)$$

式中，$\alpha_W \int_0^{\tau_0 \wedge T} e^{-rs} W(s) \mathrm{d}s$ 代表保险公司对 GMWB 条款收取保费值的贴现值。

上面分别介绍了每种最低利益保证的负债净额，接下来考虑同时含

有多种最低利益保证的变额年金的负债净额。在变额年金合约期限内，有两个停时：一个是投保者死亡时刻 τ_x，另一个是投资账户价值变为零的时刻 τ_0。当 $\tau_x \leqslant \tau_0$ 时，变额年金合约在 τ_x 时刻终止，所以 GMMB 和 GMWB 条款在 τ_x 后无效。在此种情况下，若给定账户价值路径 $\{W(t), 0 \leqslant t \leqslant T\}$ 和投保者未来生存的时间长度 τ_x，变额年金负债净额合计为

$$L_0(\tau_x \leqslant \tau_0) = e^{-r\tau_x}\left(e^{\delta\tau_x}G_D^0 - W(\tau_x)\right)^+ - \alpha_x \int_0^{\tau_x} e^{-rs}W(s)\mathrm{d}s \quad (2.17)$$

式中，α_x 是 GMDB、GMMB 和 GMWB 条款收取保费的总和，即 $\alpha_x = \alpha_D + \alpha_M + \alpha_W$。当 $\tau_0 < \tau_x \leqslant T$ 时，在投保者死亡之前，投资账户价值变为零。若给定账户价值路径 $\{W(t), 0 \leqslant t \leqslant T\}$ 和投保者未来生存的时间长度 τ_x，此时变额年金负债净额合计为

$$L_0(\tau_0 < \tau_x \leqslant T) = e^{-r\tau_x}e^{i\tau_x}G_D^0 + \int_{\tau_0}^{\tau_x} e^{-rs}w\mathrm{d}s - \alpha_x \int_0^{\tau_0} e^{-rs}W(s)\mathrm{d}s \quad (2.18)$$

若投保者在合约到期日 T 依然存活，即 $\tau_x > T$，若给定账户价值路径 $\{W(t), 0 \leqslant t \leqslant T\}$ 和投保者未来生存的时间长度 τ_x，变额年金负债净额合计为

$$L_0(\tau_x > T) = e^{-rT}(G_M - W(T))^+ + \int_{\tau_0 \wedge T}^T e^{-rs}w\mathrm{d}s - \alpha_x \int_0^{\tau_0 \wedge T} e^{-rs}W(s)\mathrm{d}s \quad (2.19)$$

因此，综合考虑上面三种情况，若给定账户价值路径 $\{W(t), 0 \leqslant t \leqslant T\}$ 和投保者未来生存的时间长度 τ_x，包含 GMDB、GMMB 和 GMWB 的变额年金负债净额合计为

$$\begin{aligned}L_0 =\ & e^{-r\tau_x}\left(e^{i\tau_x}G_D^0 - W(\tau_x)\right)^+ \mathbb{I}(\tau_x \leqslant T) + e^{-rT}(G_M - W(T))^+ \mathbb{I}(\tau_x > T) \\ & + \int_{\tau_0 \wedge T}^{\tau_x \wedge T} e^{-rs}w\mathrm{d}s - \alpha_x \int_0^{(\tau_0 \wedge \tau_x) \wedge T} e^{-rs}W(s)\mathrm{d}s\end{aligned} \quad (2.20)$$

本书第五章根据保险公司负债净额计算公式（2.20），在给定账户价值过程 $W(t), 0 \leqslant t \leqslant T$ 和 τ_x 分布的情况下，刻画 L_0 的分布，从而计算变额年金的风险指标 VaR 和 CTE。

第三章
仅含有 GMWB 条款的变额年金定价

在变额年金合约包含的这些最低利益保证中，GMWB 是最复杂的附加条款。所以本章从投资者的角度先单独考虑 GMWB 条款的价值，然后下一章再将多种最低利益保证条款放在一起考虑。本章提出仅含有 GMWB 条款的变额年金合约柳树法定价计算格式。首先，以几何布朗运动、CEV 模型和 Merton 跳扩散模型为例，构建风险资产价格柳树，然后，在此基础上，对含有 GMWB 的变额年金合约进行定价。最后，从保险公司的角度做对冲效果分析以降低风险。

第一节 风险资产价格柳树构建

风险资产价格柳树的构建主要分为两步：第一步，计算柳树上每个节点的资产价格；第二步，计算转移概率。本节以几何布朗运动、Merton 跳扩散模型和 CEV 模型为例构建风险资产价格柳树。由于后文中介绍的变额年金定价方法与风险资产价格柳树构建过程相互独立，所以本书的定价方法也可以推广到其他一般随机模型，例如，GARCH 模型[13]、NIG 过程[8]和其他 Lévy 过程[77,91]等。

一、几何布朗运动下柳树构建

本节在几何布朗运动模型下构建风险资产价格的柳树。假设在风险中性测度（$\mathbb{Q}$ – measure）下，风险资产的价格服从

$$dS(t) = rS(t)dt + \sigma S(t)dB(t) \tag{3.1}$$

式中，r 是无风险利率，$B(t)$ 是标准布朗运动，σ 是波动率。$S(t)$ 可以写为

$$S(t) = S(0)e^{(r-\frac{\sigma^2}{2})t+\sigma B(t)} \tag{3.2}$$

1. 资产价格估计

在 t_n 时刻，m 个风险资产价格的离散估计为

$$S_i^n = S^0 e^{(r-\frac{\sigma^2}{2})t_n + \sigma\sqrt{t_n}z_i}, \quad i = 1, \cdots, m \tag{3.3}$$

式中，z_i 是标准正态分布的采样点（见文献[87]），$S^0 = S(0)$。

2. 转移概率计算

从 S_i^n 到 S_j^{n+1} 的转移概率 p_{ij}^n 为（见文献[63]）

$$p_{ij}^n = P(Y_j^{n+1} | Y_i^n) = \int_a^b f(y | Y_i^n) dy, \quad i,j = 1, \cdots, m \tag{3.4}$$

式中，$Y_i^n \equiv \sqrt{t_n} z_i$，$a = (Y_j^{n+1} + Y_{j-1}^{n+1})/2$，$b = (Y_{j+1}^{n+1} + Y_j^{n+1})/2$，$f(y|Y_i^n)$ 是条件密度函数，即

$$f(y|Y_i^n) = \frac{1}{\sqrt{2\pi\Delta t}} \exp\left\{-\frac{(y-Y_i^n)^2}{2\Delta t}\right\} \tag{3.5}$$

从 S^0 到 S_j^1 的转移概率为 q_j，其中

$$q_j = P(Y_j^1 | Y^0) = \int_a^b f(y) dy \tag{3.6}$$

式中，$Y_j^1 \equiv \sqrt{\Delta t} z_j$，$a = (Y_j^1 + Y_{j-1}^1)/2$，$b = (Y_{j+1}^1 + Y_j^1)/2$，$f(y) = \frac{1}{\sqrt{2\pi\Delta t}} \exp\left\{-\frac{y^2}{2\Delta t}\right\}$。

另外，在风险中性测度下，$S_t e^{-rt}$ 是一个鞅过程，可以通过修正转移概率使柳树构造满足鞅的性质，提高计算精度。由鞅的性质可知，p_{ij}^n 与 S_i^n 需满足如下性质：

$$\begin{cases} p_{ij}^n \geqslant 0, \\ \sum_{j=1}^m p_{ij}^n = 1, \\ e^{-r\Delta t} \sum_{j=1}^m p_{ij}^n S_j^{n+1} = S_i^n \end{cases} \tag{3.7}$$

在每一个离散时刻，都选取两个最大的转移概率进行修正，以满足鞅的性质。例如，在 t_n 时刻，对于第 i 个资产价格，从 p_{ij}^n 中选取两个最大的转移概率，假设为 $p_{ij_1}^n$、$p_{ij_2}^n$。然后，记修正后的转移概率为 $\tilde{p}_{ij_1}^n$ 和 $\tilde{p}_{ij_2}^n$，假设 $\tilde{p}_{ij_1}^n = p_{ij_1}^n + \tilde{x}$，$\tilde{p}_{ij_2}^n = p_{ij_2}^n - \tilde{x}$。为了使转移概率满足以上性质，可以得出：

$$e^{-r\Delta t}[\tilde{x} S_{j_1}^{n+1} - \tilde{x} S_{j_2}^{n+1}] = S_i^n - e^{-r\Delta t} \sum_{j=1}^m p_{ij}^n S_j^{n+1} \tag{3.8}$$

由此，$\tilde{x}$ 的表达式如下：

$$\tilde{x} = \frac{S_i^n - e^{-r\Delta t} \sum_{j=1}^m p_{ij}^n S_j^{n+1}}{e^{-r\Delta t}(S_{j_1}^{n+1} - S_{j_2}^{n+1})} \tag{3.9}$$

完成以上修正后，即可得到 t_n 到 t_{n+1} 时刻修正后的转移概率矩阵。

至此，我们得到了柳树上每个节点的风险资产价格 $\{S_i^n\}$ 以及转移概率 $[p_{ij}^n]_{m \times m}$ 和 $\{q_j\}$。

二、Merton 跳扩散模型柳树构建

假设风险资产价格服从 Merton 跳扩散过程[71]：

$$\frac{\mathrm{d}S(t)}{S(t)} = (r - \lambda \bar{k})\mathrm{d}t + \sigma \mathrm{d}B(t) + [Y(t) - 1]\mathrm{d}N(t)$$

式中，r 是无风险利率，$B(t)$ 是标准的 Q 布朗运动，$\ln Y(t)$ 服从均值为 α_J 方差为 σ_J^2 的正态分布，$Y(t) - 1$ 的期望为 $\bar{k} = \mathbb{E}[Y(t) - 1]$，$N(t)$ 是强度为 λ 的泊松过程。本书在 Xu 和 Yin[88] 和姚等[101] 构建的柳树的基

础上进行定价。

1. 资产价格估计

在 Merton 跳扩散模型下，在 t_n 时刻，假设有 m 个资产价格 S_i^n，$i = 1, 2, \cdots, m$。考虑对数收益 $X(t) = \ln \dfrac{S(t)}{S(0)}$，根据 Ballotta 和 Kyriakou[7] 的推导，可以得到 $X(t)$ 的期望 μ、方差 υ、偏度 κ_3 和峰度 κ_4 分别为

$$\begin{aligned}
\mu &= \left[r - \frac{\sigma^2}{2} - \lambda(e^{\alpha_J + \sigma_J^2/2} - 1) + \lambda \alpha_J\right] t \\
\upsilon &= (\sigma^2 + \lambda \alpha_J^2 + \lambda \sigma_J^2) t \\
\kappa_3 &= \frac{\lambda(\alpha_J^3 + 3\alpha_J \sigma_J^2)}{\sqrt{t}(\sigma^2 + \lambda \alpha_J^2 + \lambda \sigma_J^2)^{3/2}} \\
\kappa_4 &= \frac{\lambda(\alpha_J^4 + 6\alpha_J^2 \sigma_J^2 + 3\sigma_J^4)}{t(\sigma^2 + \lambda \alpha_J^2 + \lambda \sigma_J^2)^2} + 3
\end{aligned} \quad (3.10)$$

从而根据 $X(t)$ 的四阶矩，可利用 Johnson 曲线转换公式（见文献 [60]）的逆变换，将一个标准正态分布的随机变量 z 的估计转换成给定分布 $X(t)$ 的估计。根据 $X(t_n)$ 的四阶矩，可以得到 X_i^n，$i = 1, \cdots, m$ 的估计为

$$X_i^n = \varepsilon g^{-1}\left(\frac{z_i - \gamma}{\delta}\right) + \nu \quad (3.11)$$

式中，$g^{-1}(\cdot)$ 为

$$g^{-1}(u) = \begin{cases} e^u & \text{对数正态分布族,} \\ \frac{e^u - e^{-u}}{2} & \text{无界函数族,} \\ \frac{1}{1 + e^{-u}} & \text{有界函数族,} \\ u & \text{正态分布族。} \end{cases} \quad (3.12)$$

γ、δ、υ、ε 和 $g^{-1}(\cdot)$ 可以由 Hill 提出的算法（见文献 [52]）根据随机变量 $X(t_n)$ 的前四阶矩确定，z_i 是离散的正态分布的抽样值（见文献 [87]）。从而得到柳树上每一点的风险资产价格为 $S_i^n = S^0 \exp(X_i^n)$。

2. 转移概率计算

从 $\ln S_i^n$ 到 $\ln S_j^{n+1}$ 的转移概率为（见文献 [88]）

$$p_{ij}^n \equiv P(A<X_j^{n+1}<B|X_i^n) = \int_A^B \sum_{l=0}^{\infty} \frac{e^{-\lambda\Delta t}(\lambda\Delta t)^l}{l!} \frac{1}{\sqrt{2\pi}\sigma_l} \exp\left[-\frac{(x-\mu_l)^2}{2\sigma_l^2}\right] dx$$

(3.13)

式中，$A = (X_{j-1}^{n+1} + X_j^{n+1})/2$，$B = (X_{j+1}^{n+1} + X_j^{n+1})/2$，$\mu_l = X_i^n + (r - \lambda\bar{k} - \frac{\sigma^2}{2})\Delta t + l\alpha_J$，$\sigma_l^2 = \sigma^2\Delta t + l\sigma_J^2$。

将从 t_n 时刻到 t_{n+1} 时刻的转移概率矩阵记为 $[p_{ij}^n]_{m\times m}$，从 t_0 时刻到 t_1 时刻的转移概率记为 $\{q_j\}$，其中 q_j 为从 S^0 到 S_j^1 的条件概率。

同样，$S(t)e^{-rt}$ 是一个鞅，同样可以根据公式（3.7）来对转移概率进行修正。

三、CEV 模型柳树构建

假设在风险中性测度下，风险资产价格服从 CEV 模型[24,26]：

$$dS(t) = rS(t)dt + \sigma S(t)^\beta dB(t) \tag{3.14}$$

式中，r 是无风险利率，$B(t)$ 是标准布朗运动，σ 是常数，β（$\beta > 0, \beta \neq 1$）为 CEV 模型参数。参数 β 控制波动性和资产价值之间的关系。当 $0 < \beta \leq 1$ 时（在股票市场中常见），我们观察到杠杆效应，波动性与资产价值水平呈负相关关系；相反，当 $\beta > 1$ 时（在大宗商品市场中常见[47]），波动性与资产价值水平呈正相关关系。在本书中，我们假设 $0 < \beta \leq 1$，尽管我们的定价算法也适用于 $\beta > 1$。当 $\beta = 1$ 时，CEV 模型退化为几何布朗运动模型。

1. 资产价格估计

为了构建公式（3.14）中风险资产价格柳树，首先做变量代换 $X(t) \equiv S(t)^\psi$。根据 Itô 引理，公式（3.14）可以写为

$$dX(t) = \psi\left[rX(t) + \frac{\psi-1}{2}\sigma^2 X(t)^{\frac{\psi-2(1-\beta)}{\psi}}\right]dt + \psi\sigma X(t)^{\frac{\psi-(1-\beta)}{\psi}}dB(t) \tag{3.15}$$

令 $\psi = 2(1-\beta)$，可以得到

$$dX(t) = \psi\left[\frac{\psi-1}{2}\sigma^2 + rX(t)\right]dt + \psi\sigma\sqrt{X(t)}dB(t) \quad (3.16)$$

此时，$X(t)$ 服从 CIR（Cox-Ingersoll-Ross）过程[25]。因此可以参考 CIR 模型柳树结构的构建方法（见文献[84]）来构建 $X(t)$ 的柳树，然后再做变换 $S(t) = \left[X(t)\right]^{\frac{1}{\psi}}$，将 $X(t)$ 变换为 CEV 模型下的资产价格柳树结构。

在 t_n 时刻，$X(t_n)$ 的四阶矩可以根据文献[84]计算得出。类似 Merton 跳扩散模型，可以根据 Johnson 曲线转换公式构建柳树。已知 $X(t_n)$ 的四阶矩，可以根据公式（3.11）得到 $X_i^n, i = 1, \cdots, m$ 的估计，从而得到 S_i^n 的估计 $S_i^n = \left(X_i^n\right)^{\frac{1}{\psi}}, i = 1, \cdots, m; n = 1, \cdots, N$。

2. 转移概率计算

从 S_i^n 到 S_j^{n+1} 的转移概率可以计算为（见文献[84]）

$$p_{ij}^n = P(S_j^{n+1}|S_i^n) = \frac{1}{\sqrt{2\pi[\sigma(S_i^n)^\beta]^2\Delta t}}\int_A^B \exp\left\{-\frac{(x - S_i^n - rS_i^n\Delta t)^2}{2[\sigma(S_i^n)^\beta]^2\Delta t}\right\}dx \quad (3.17)$$

式中，$A = (S_{j-1}^{n+1} + S_j^{n+1})/2, B = (S_{j+1}^{n+1} + S_j^{n+1})/2$。

从 t_0 时刻到 t_1 时刻的转移概率为 $\{q_j\}$，其中 q_j 为从 S^0 到 S_j^1 的条件概率。

第二节 GMWB 柳树法定价计算格式

本节考虑以下三个模型，逐渐深入讨论含有 GMWB 的变额年金合约的数值定价方法。

1. 在给定提取策略（static）模型下，考虑投资者按照合约规定的金额提取收益，即在每个提款日 t_n，提取金额为 G。

2. 在可提前终止合约（mix）模型下，投资者有权利在提款日提前终止合约（surrender provision），提取投资账户中的所有金额。

3. 在最优提取策略（dynamic）模型下，投资者可以任意提取 GMWB 合约允许的提款金额，即在每个提款日 t_n，提取金额取值范围为 $\xi_n \in [0, \max\{\min\{G, A(t_n^-)\}, W(t_n^-)\}]$。

下面将在上述三种模型下分别对 GMWB 进行定价，并且考虑死亡的风险对价格的影响。

一、给定提取策略模型定价

风险资产价格柳树的构建已经在本章第一节中进行了介绍，我们可以得到风险资产价格 $\{S_i^n\}$ 以及转移概率 $[p_{ij}^n]$ 和 $\{q_j\}$。下面在已知风险资产价格柳树的基础上，对给定提取策略模型下的 GMWB 进行定价，本书假设 $S^0 = 1$。

如果 t_n 时刻风险资产价格为 S_i^n，在 t_n^- 时刻投资账户价值的最大值为（不提取任何收益）

$$W_{i,\max}^n = W^0 S_i^n e^{-\alpha n \Delta t} \tag{3.18}$$

在每个柳树节点 S_i^n 上，投资账户价值落在 $[0, W_{i,\max}^n]$ 区间内。在区间内取 K 个离散的 W_i^n 值作为代表，分别为

$$W_{i,k}^n = \frac{k-1}{K-1} W_{i,\max}^n, \quad k = 1, 2, \cdots, K \tag{3.19}$$

在给定提取策略模型下，记提取策略 $\xi = \{\xi_n\}$。令 $V_{i,k}^n \equiv V(S_i^n, W_{i,k}^n, t_n)$ 为 GMWB 合约价值的数值估计，$V_{i,k}^n$ 可以通过倒推法求得，具体过程如下：

1. 在到期日 $t_N = T$，对于任意一个风险资产价格 S_i^N，K 个可能的投资账户值 $W_{i,k}^N$ 可以根据公式（3.19）求得。T 时刻 GMWB 合约价值

第三章 仅含有 GMWB 条款的变额年金定价

$V_{i,k}^N$ 为

$$V_{i,k}^N = \max\{W_{i,k}^N, G\}, \quad i=1,2,\cdots,m, \ k=1,2,\cdots,K \tag{3.20}$$

2. 在提款日 $t_{N-1} = (N-1)\Delta t$，对于任意一个资产价格 S_i^{N-1}，有 K 个可能的投资账户值 $W_{i,k}^{N-1}$。给定提款策略 ξ_{N-1}，假设投资账户价值为 $W_{i,k}^{N-1}$，风险资产价格从 S_i^{N-1} 变到 S_j^N，到 t_N^- 时刻相应的投资账户价值变为

$$\overline{W}_j^N = \max\{W_{i,k}^{N-1} - \xi_{N-1},\ 0\}\frac{S_j^N}{S_i^{N-1}}e^{-\alpha\Delta t} \tag{3.21}$$

由于 $\overline{W}_j^N$ 一定会落在 $[0, W_{j,\max}^N]$ 区间内，所以存在一个整数 k^* 使得 $W_{j,k^*}^N \leq \overline{W}_j^N \leq W_{j,k^*+1}^N$。相应地，GMWB 价值 $\overline{V}_j^N$ 可以通过对 V_{j,k^*}^N 和 V_{j,k^*+1}^N 进行线性插值求得，即

$$\overline{V}_j^N = \lambda_j^N V_{j,k^*+1}^N + (1-\lambda_j^N)V_{j,k^*}^N \tag{3.22}$$

式中，

$$\lambda_j^N = \frac{\overline{W}_j^N - W_{j,k^*}^N}{W_{j,k^*+1}^N - W_{j,k^*}^N}$$

对于任意路径，从 S_i^{N-1} 到 S_j^N，$j = 1, 2, \cdots, m$，均可以求出相应的价值 $\overline{V}_j^N$。因而，对于资产价格 S_i^{N-1}，给定投资账户价值 $W_{i,k}^{N-1}$，GMWB 合约价值可以估计为

$$V_{i,k}^{N-1} = e^{-r\Delta t}\sum_{j=1}^m p_{ij}^{N-1}\overline{V}_j^N + \varphi(\xi_{N-1}), \quad i=1,\cdots,m; k=1,\cdots,K \tag{3.23}$$

式中，p_{ij}^{N-1} 是从 S_i^{N-1} 到 S_j^N 的转移概率，$\varphi(\xi_{N-1})$ 是提取策略为 ξ_{N-1} 时的净提取收益，即

$$\varphi(\xi_{N-1}) = \begin{cases} \xi_{N-1}, & \xi_{N-1} \leq G \\ G + (1-\eta)\left(\min\{\xi_{N-1}, L_{i,k}^{N-1}\} - G\right), & \xi_{N-1} > G \end{cases} \tag{3.24}$$

式中，η 是超出合约规定部分收取的罚金比例；$L_{i,k}^{N-1} = \max\{G, W_{i,k}^{N-1}\}$ 是 GMWB 合约允许的最大提取收益值。

3. 同理，可以求出 $t_n, n = N-1, N-2, \cdots, 1$ 时刻的 GMWB 合约对应的价值。

4. 在初始时刻 $t = 0$，考虑资产价格路径从 S^0 到 S_j^1，投资账户在 t_1 时价值为

$$\overline{W}_j^1 = W^0 \frac{S_j^1}{S^0} e^{-\alpha \Delta t}, \quad j = 1, \cdots, m \tag{3.25}$$

同样存在一个整数 k^* 使得 $W_{j,k^*}^1 \leq \overline{W}_j^1 \leq W_{j,k^*+1}^1$。相应地，GMWB 价值在 t_1 时刻变为

$$\overline{V}_j^1 = \lambda_j^1 V_{j,k^*+1}^1 + (1-\lambda_j^1) V_{j,k^*}^1 \tag{3.26}$$

式中，

$$\lambda_j^1 = \frac{\overline{W}_j^1 - W_{j,k^*}^1}{W_{j,k^*+1}^1 - W_{j,k^*}^1}$$

由于在初始时刻 t_0 没有提取现金，GMWB 合约价值为

$$V^0 = e^{-r\Delta t} \sum_{j=1}^m q_j \overline{V}_j^1 \tag{3.27}$$

式中，q_j 是从 S^0 到 S_j^1 的转移概率。

以上基于柳树结构，利用柳树法计算 GMWB 合约初始价值 V^0 的过程可以总结为下面的算法。可提前终止合约模型、优化提取策略模型以及考虑死亡率时的定价会在后文中讨论。

算法 3.1：（给定提取策略模型 GMWB 定价） 假设 GMWB 合约到期日为 T，初始投资为 W^0，保费为 α。给定风险资产价格过 $S(t)$ 以及提取策略 $\xi = \{\xi_n\}$，不考虑死亡风险以及提前终止条款，柳树法定价 GMWB 的算法如下。

1. 根据标的资产价格模型，建立风险资产价格柳树，估计资产价格 $\{S_i^n\}$ 以及转移概率 $[p_{ij}^n]$ 和 $\{q_j\}$, $i,j = 1,2,\cdots,m; n = 1,2,\cdots,N$。

2. 根据公式（2.3）和公式（2.4），计算保证账户价值

$\{A^n = A(t_n^-)\}, n = 1, 2, \cdots, N$;

— 根据公式（3.18）和公式（3.19），计算 K 个投资账户价值代表值 $\{W_{i,k}^n\}$。

3. 根据公式（3.20）计算 $V_{i,k}^N$。

4. for $n = N - 1 : -1 : 1$

 for $i = 1 : m$

  for $k = 1 : K$

   for $j = 1 : m$

    — 根据公式（3.21）计算 $\overline{W}_j^{n+1}$；

    — 寻找 k^* 使得 $W_{j,k^*}^{n+1} \leq \overline{W}_j^{n+1} \leq W_{j,k^*+1}^{n+1}$，根据公式（3.22）计算 $\overline{V}_j^{n+1}$；

   end

   — 根据公式（3.23）计算 $V_{i,k}^n$；

  end

 end

end

5. for $j = 1 : m$

 — 根据公式（3.25）计算 $\overline{W}_j^1$；

 — 寻找 k^* 使得 $W_{j,k^*}^1 \leq \overline{W}_j^1 \leq W_{j,k^*+1}^1$，根据公式（3.26）计算 $\overline{V}_j^1$；

end

6. 根据公式（3.27）计算 V^0。

若从保险公司的角度对合约进行定价，则需要计算合约的公允保费，即令合约初始价值和初始投资相等（$V^0 = W^0$）的保费。由于合约初始价值 V^0 随着保费 α 单调递减，故可以运用一般的零点求解方法（如二分法）对公允保费进行求解。

二、可提前终止合约模型定价——考虑死亡风险

首先考虑死亡风险对 GMWB 价格的影响。若投资者在 $(t_{n-1}, t_n]$ 时间内死亡,模型假设合约在 t_n 时刻终止,t_n 时刻投资账户余额 $W(t_n^-)$ 返还给受益人。假设投资者在合约初始时刻为 x 岁。定义 $_{\Delta t}\tilde{Q}_{x+t_n}$ 为投资者在 t_n 时刻存活但是在 $(t_n, t_{n+1}]$ 时间内死亡的条件概率概率。故投资者在 t_n 时刻存活,在 $(t_{t-1}, t_n]$ 内依然存活的条件概率为 $1 - _{\Delta t}\tilde{Q}_{x+t_n}$。考虑死亡风险的 GMWB 价值为

$$V_{i,k}^n = e^{-r\Delta t} \left[(1 - {}_{\Delta t}\tilde{Q}_{x+t_n}) \sum_{j=1}^m p_{ij}^n \overline{V}_j^{n+1} + {}_{\Delta t}\tilde{Q}_{x+t_n} \sum_{j=1}^m p_{ij}^n \overline{W}_j^{n+1} \right] + \varphi(\xi_n)$$

(3.28)

式中,$\overline{W}_j^{n+1}$ 为 t_{n+1}^- 时刻的投资账户价值估计。初始时刻 $t_0 = 0$,GMWB 合约的价值变为

$$V^0 = e^{-r\Delta t} \left[(1 - {}_{\Delta t}\tilde{Q}_x) \sum_{j=1}^m q_j \overline{V}_j^1 + {}_{\Delta t}\tilde{Q}_x \sum_{j=1}^m q_j \overline{W}_j^1 \right]$$

(3.29)

下面考虑提前终止条款对 GMWB 价值的影响,该条款给予投资者在到期日之前提前终止合约的权利,投资者可以提取投资账户中所有金额并终止合约。投资者会根据合约的持有价值和提前终止合约的价值来决定是否提前终止合约。在提款日 t_n,提前终止合约的价值记为 $VR_{i,k}^n$,即

$$VR_{i,k}^n = \begin{cases} G + (1-\eta)(W_{i,k}^n - G), & W_{i,k}^n > G \\ W_{i,k}^n, & W_{i,k}^n \leq G \end{cases}$$

(3.30)

式中,η 是罚金。合约的持有价值为公式(3.28)中 GMWB 价值 $V_{i,k}^n$,记为 $VC_{i,k}^n$。在可提前终止合约模型下,t_n 时刻 GMWB 合约价值 $V_{i,k}^n$ 为提前终止合约价值和持有价值的最大值,即

$$V_{i,k}^n = \max\{VC_{i,k}^n, VR_{i,k}^n\}$$

(3.31)

综上所述，考虑死亡风险和提前终止条款的 GMWB 合约定价算法总结如下。

算法 3.2（考虑死亡风险和提前终止条款的 GMWB 定价） 假设 GMWB 合约到期日为 T，初始投资为 W^0，保费为 α。给定风险资产价格 $S(t)$ 以及提取策略 $\xi = \{\xi_n\}$。考虑死亡风险以及提前终止条款，柳树法定价 GMWB 合约的算法如下。

1. 根据标的资产价格模型，建立风险资产价格柳树，估计资产价格 $\{S_i^n\}$ 以及转移概率 $[p_{ij}^n]$ 和 $\{q_j\}$，$i,j = 1,2,\cdots,m; n = 1,2,\cdots,N$。

2. – 根据公式（2.3）和公式（2.4），计算保证账户价值 $\{A^n = A(t_n^-)\}$，$n = 1,2,\cdots,N$；

   – 根据公式（3.18）和公式（3.19），计算 K 个投资账户价值代表值 $\{W_{i,k}^n\}$。

3. 根据公式（3.20）计算 $V_{i,k}^N$。

4. for $n = N - 1: -1: 1$

    for $i = 1: m$

        for $k = 1: K$

            for $j = 1: m$

                – 根据公式（3.21）计算 $\overline{W}_j^{n+1}$；

                – 寻找 k^* 使得 $W_{j,k^*}^{n+1} \leq \overline{W}_j^{n+1} \leq W_{j,k^*+1}^{n+1}$，根据公式（3.22）计算 $\overline{V}_j^{n+1}$；

            end

        – 根据公式（3.28）和公式（3.30）计算 $VC_{i,k}^n$ 和 $VR_{i,k}^n$；

        – 根据公式（3.31）计算 $V_{i,k}^n = \max\{VC_{i,k}^n, VR_{i,k}^n\}$；

    end

end

end
5. for $j = 1:m$
　　— 根据公式（3.25）计算 $\overline{W}_j^1$；
　　— 寻找 k^* 使得 $W_{j,k^*}^1 \leq \overline{W}_j^1 \leq W_{j,k^*+1}^1$，根据公式（3.26）计算 $\overline{V}_j^1$；
　　end
6. 根据公式（3.29）计算 V^0。

三、最优提取策略模型定价

优化提取策略模型允许投资者在提款日提取合约允许的任意金额。换句话说，优化提取策略需要寻找最优的提款策略 $\xi^* = \{\xi_1^*, \xi_2^*, \cdots, \xi_N^*\}$ 使得合约的初始价值 V^0 最大，即

$$\xi^* = \operatorname{argmax}_{\xi \in \Theta} V^0(S^0, W^0, A^0; \xi) \tag{3.32}$$

式中，Θ 是 GMWB 合约所有允许的提款策略的集合。在提款日 t_n，合约规定提取金额为 $\min\{G, A^n\}$。然而，当 $W^n > \min\{G, A^n\}$ 时，投资者可以提取超过合约规定金额，但是需要交一定比例的罚金，直到投资账户价值为零。因此，在 t_n 时刻，合约允许的提款范围为 $0 \leq \xi_n \leq \max\{W^n, \min\{G, A^n\}\}$。最优的提款策略 ξ^* 可以通过动态规划方法应用于 Bellman 倒推方程求解。运用倒推的方法，我们有

$$\begin{aligned}
V^{N*}(S^N, W^N, A^N) &= \max\{A^N, W^N\} \\
V^{n*}(S^n, W^n, A^n) &= \max_{\xi_n \in [0,\, \max\{W^n, \min\{G, A^n\}\}]} \\
&\quad \mathbb{E}\left[\varphi(\xi_n) + e^{-r\Delta t} V\left(S^{n+1}, \overline{W}^{n+1}(\xi_n), \overline{A}^{n+1}(\xi_n)\right) \bigg| S^n, A^n, W^n\right] \\
V^{0*} &= \mathbb{E}\left[e^{-r\Delta t} V(S^1, W^1, A^1) | S^0, A^0 = W^0\right]
\end{aligned} \tag{3.33}$$

式中，$\overline{W}^{n+1}(\xi_n)$ 和 $\overline{A}^{n+1}(\xi_n)$ 为 t_n 时刻提取 ξ_n 的情况下，在 t_{n+1} 时刻更新后的投资账户价值和保证账户价值。上述 Bellman 倒推方程可以通过求解离散的随机控制问题进行求解。由于柳树法结构简洁，离散的随机控

第三章 仅含有 GMWB 条款的变额年金定价

制问题可以简化为求解一维的有约束的最优化问题,最优提取策略可以通过下文的算法求解。

当资产价格从 S^0 到 S_i^n,投资账户价值落在区间 $[0, W_{i,\max}^n]$ 中,其中 $W_{i,\max}^n \equiv W^0 S_i^n e^{-\alpha n \Delta t}$,保证账户价值落在 $[0, A^0]$ 中。分别选取 K、H 个值代表投资账户价值和保证账户价值,定义

$$W_{i,k}^n = \frac{k-1}{K-1} W_{i,\max}^n, \quad A_h^n = \frac{h-1}{H-1} A^0, \quad k=1,2,\cdots,K, \quad h=1,2,\cdots,H \quad (3.34)$$

优化提取策略模型下 GMWB 合约定价倒推方法如下:

1. 在合约到期日 t_N,GMWB 合约的价值 V^{N*} 为

$$V^{N*}(S_i^N, W_{i,k}^N, A_h^N) = \max\{W_{i,k}^N, A_h^N\} \quad (3.35)$$

2. 在提款日 $t_n, n = N-1, N-2, \cdots, 1$,若给定提取策略 ξ^n,资产价格为 S_i^n,投资账户价值为 $W_{i,k}^n$,保证账户价值为 A_h^n,GMWB 合约的价值为

$$V^n(S_i^n, W_{i,k}^n, A_h^n, \xi_n) = e^{-r\Delta t} \sum_{j=1}^m p_{ij}^n V^{(n+1)*}\left(S_j^{n+1}, \overline{W}_j^{n+1}, \overline{A}^{n+1}\right) + \varphi(\zeta_n) \quad (3.36)$$

式中,

$$\overline{W}_j^{n+1} = \max\{W_{i,k}^n - \xi_n, 0\} \frac{S_j^{n+1}}{S_i^n} e^{-\alpha \Delta t} \quad (3.37)$$

$$\overline{A}^{n+1} = \begin{cases} A_h^n - \xi_n, & \xi_n \leq E_h^n \\ \max\left\{\min\left\{A_h^n - \xi_n, A_h^n \dfrac{W_{i,k}^n - \xi_n}{W_{i,k}^n}\right\}, 0\right\}, & \xi_n > E_h^n \end{cases} \quad (3.38)$$

$$\varphi(\xi_n) = \begin{cases} \xi_n, & \xi_n \leq E_h^n \\ E_h^n + (1-\eta)(\xi_n - E_h^n), & \xi_n > E_h^n \end{cases} \quad (3.39)$$

式中,$E_h^n = \min\{G, A_h^n\}$。在 t_{n+1} 时刻合约价值 $V^{(n+1)*}\left(S_j^{n+1}, \overline{W}_j^{n+1}, \overline{A}^{n+1}\right)$ 可以通过对 $\overline{W}_j^{n+1}$ 和 $\overline{A}^{n+1}$ 二维插值得到,即

$$\begin{aligned}&V^{(n+1)*}\left(S_j^{n+1}, \overline{W}_j^{n+1}, \overline{A}^{n+1}\right) \\ &= (1-y)\left[x V_{j,k^*+1,h^*}^{(n+1)*} + (1-x) V_{j,k^*,h^*}^{(n+1)*}\right] + y\left[x V_{j,k^*+1,h^*+1}^{(n+1)*} + (1-x) V_{j,k^*,h^*+1}^{(n+1)*}\right]\end{aligned} \quad (3.40)$$

式中，k^* 和 h^* 满足 $W_{j,k^*}^{n+1} \leq \overline{W}_j^{n+1} \leq W_{j,k^*+1}^{n+1}$ 和 $A_{h^*}^{n+1} \leq \overline{A}^{n+1} \leq A_{h^*+1}^{n+1}$，以及 $V_{j,k^*,h^*}^{n^*} = V^{n^*}(S_j^n, W_{j,k^*}^n, A_{h^*}^n)$。

$$x = \frac{\overline{W}_j^{n+1} - W_{j,k^*}^{n+1}}{W_{j,k^*+1}^{n+1} - W_{j,k^*}^{n+1}}, \quad y = \frac{\overline{A}^{n+1} - A_{h^*}^{n+1}}{A_{h^*+1}^{n+1} - A_{h^*}^{n+1}} \qquad (3.41)$$

k^* 可以表达为

$$k^* = \left\lceil \frac{(W_{i,k}^n - \xi_n)(K-1)}{W^0 S_i^n e^{-\alpha n \Delta t}} \right\rceil \qquad (3.42)$$

可以看出，k^* 与 S_j^{n+1} 无关。最后，可以得到优化提取策略模型下 GMWB 价值为

$$V^{n^*}(S_i^n, W_{i,k}^n, A_h^n) = \max_{\xi_n \in [0, L_{i,k,h}^n]} V^n(S_i^n, W_{i,k}^n, A_h^n, \xi_n) \qquad (3.43)$$

式中，$L_{i,k,h}^n = \max\{W_{i,k}^n, \min\{A_h^n, G\}\}$。由于公式（3.36）中的目标函数 $V^n(S_i^n, W_{i,k}^n, A_h^n, \xi_n)$ 表达式较为简洁，公式（3.43）的全局最优解可以通过下文中提出的算法求得。当考虑死亡风险时，目标函数改写为

$$\begin{aligned} V^n(S_i^n, W_{i,k}^n, A_h^n, \xi_n) = & \, e^{-r\Delta t} \Big[(1 - \Delta t Q_{x+t_n}) \sum_{j=1}^m p_{ij}^n V^{(n+1)*}(S_j^{n+1}, \overline{W}_j^{n+1}, \overline{A}^{n+1}) \\ & + \Delta t Q_{x+t_n} \sum_{j=1}^m p_{ij}^n \overline{W}_j^{n+1} \Big] + \varphi(\xi_n) \end{aligned}$$

$$(3.44)$$

3. 在初始时刻 $t_0 = 0$，投资者不提款，优化提取策略模型下 GMWB 合约初始价值为

$$V^{0*} = e^{-r\Delta t} \sum_{j=1}^n q_j V^{1*}(S_j^1, \overline{W}_j^1, \overline{A}^1) \qquad (3.45)$$

下面，对最优化问题公式（3.43）求解算法进行具体介绍。

最优提取策略求解

优化提取策略模型下 GMWB 合约定价的主要难点在于最优提取策略的求解，即求解最优化问题公式（3.43）。为了求解最优提取策略，根据公式（3.36），可以得到 $V^n(S_i^n, W_{i,k}^n, A_h^n, \xi_n)$ 关于 ξ_n 的导数为

$$\frac{\partial V^n}{\partial \xi_n} = e^{-r\Delta t} \sum_{j=1}^{m} p_{ij}^n \left(\frac{\partial V^{(n+1)*}}{\partial \overline{W}_j^{n+1}} \frac{\partial \overline{W}_j^{n+1}}{\partial \xi_n} + \frac{\partial V^{(n+1)*}}{\partial \overline{A}^{n+1}} \frac{\partial \overline{A}^{n+1}}{\partial \xi_n} \right) + \frac{\partial \varphi}{\partial \xi_n} \quad (3.46)$$

显然，$V^{(n+1)*}$ 随着 $\overline{W}_j^{n+1}$ 和 $\overline{A}^{n+1}$ 单调递增，$\overline{W}^{n+1}$ 和 $\overline{A}^{n+1}$ 随着 ξ_n 单调递减，故

$$\begin{aligned} \frac{\partial V^{(n+1)*}}{\partial \overline{W}_j^{n+1}} \geqslant 0, \quad & \frac{\partial V^{(n+1)*}}{\partial \overline{A}^{n+1}} \geqslant 0 \\ \frac{\partial \overline{W}_j^{n+1}}{\partial \xi_n} \leqslant 0, \quad & \frac{\partial \overline{A}^{n+1}}{\partial \xi_n} \leqslant 0 \end{aligned} \quad (3.47)$$

$V^{(n+1)*}(S_j^{n+1}, \overline{W}_j^{n+1}, \overline{A}^{n+1})$ 是由二维插值计算得出，则关于 $\overline{W}_j^{n+1}$ 和 $\overline{A}_j^{n+1}$ 的偏导数为

$$\begin{aligned} \frac{\partial V^{(n+1)*}}{\partial \overline{W}_j^{n+1}} &= \frac{y\left(V_{j,k^*+1,h^*+1}^{(n+1)*} - V_{j,k^*,h^*+1}^{(n+1)*}\right) + (1-y)\left(V_{j,k^*+1,h^*}^{(n+1)*} - V_{j,k^*,h^*}^{(n+1)*}\right)}{W_{j,k^*+1}^{n+1} - W_{j,k^*}^{n+1}} \\ &= \frac{K-1}{W^0 S_j^{n+1} e^{-(n+1)\alpha \Delta t}} \left[y\left(V_{j,k^*+1,h^*+1}^{(n+1)*} - V_{j,k^*,h^*+1}^{(n+1)*}\right) + (1-y)\left(V_{j,k^*+1,h^*}^{(n+1)*} - V_{j,k^*,h^*}^{(n+1)*}\right) \right] \end{aligned}$$
$$(3.48)$$

$$\begin{aligned} \frac{\partial V^{(n+1)*}}{\partial \overline{A}^{n+1}} &= \frac{x\left(V_{j,k^*+1,h^*+1}^{(n+1)*} - V_{j,k^*+1,h^*}^{(n+1)*}\right) + (1-x)\left(V_{j,k^*,h^*+1}^{(n+1)*} - V_{j,k^*,h^*}^{(n+1)*}\right)}{A_{h^*+1}^{n+1} - A_{h^*}^{n+1}} \\ &- \frac{H-1}{A_0} \left[x\left(V_{j,k^*+1,h^*+1}^{(n+1)*} - V_{j,k^*+1,h^*}^{(n+1)*}\right) + (1-x)\left(V_{j,k^*,h^*+1}^{(n+1)*} - V_{j,k^*,h^*}^{(n+1)*}\right) \right] \end{aligned}$$
$$(3.49)$$

在提款日 t_n，给定投资账户价值 $W_{i,k}^n$ 和保证账户价值 A_h^n，将上面的结果代入公式（3.46）可以得到 $\dfrac{\partial V^n}{\partial \xi_n}$ 的表达式为

$$\begin{aligned} \frac{\partial V^n}{\partial \xi_n} = -\, & e^{-r\Delta t} \sum_{j=1}^{m} p_{ij}^n \left\{ \frac{a(K-1)}{W^0 S_i^n e^{-n\alpha \Delta t}} \left[\left(V_{j,k^*+1,h^*}^{(n+1)*} - V_{j,k^*,h^*}^{(n+1)*}\right) \right. \right. \\ & + \left(\frac{(H-1)\overline{A}^{n+1}}{A_0} - h^* + 1 \right) \left(V_{j,k^*+1,h^*+1}^{(n+1)*} - V_{j,k^*,h^*+1}^{(n+1)*} - V_{j,k^*+1,h^*}^{(n+1)*} + V_{j,k^*,h^*}^{(n+1)*}\right) \right] \\ & + \frac{b(H-1)}{A_0} \left[\left(V_{j,k^*,h^*+1}^{(n+1)*} - V_{j,k^*,h^*}^{(n+1)*}\right) \right. \\ & + \left. \left(\frac{(K-1)\overline{W}_j^{n+1}}{W^0 S_j^{n+1} e^{-(n+1)\alpha \Delta t}} - k^* + 1 \right) \left(V_{j,k^*+1,h^*+1}^{(n+1)*} - V_{j,k^*+1,h^*}^{(n+1)*} - V_{j,k^*,h^*+1}^{(n+1)*} + V_{j,k^*,h^*}^{(n+1)*}\right) \right] \right\} \\ & + c \end{aligned}$$
$$(3.50)$$

式中，

$$a = \begin{cases} 1 & \xi_n < W_{i,k}^n \\ 0 & \xi_n > W_{i,k}^n \end{cases}, \quad b = \begin{cases} \frac{A_h^n}{W_{i,k}^n} & G < \xi_n < W_{i,k}^n < A_h^n \\ 0 & \xi_n > A_h^n \\ 1 & \text{其他} \end{cases}, \quad c = \begin{cases} 1 & \xi_n \leq E_h^n \\ 1-\eta & \xi_n > E_h^n \end{cases}$$

(3.51)

根据公式（3.50）可以看出，$\frac{\partial V^n}{\partial \xi_n}$ 是关于 ξ_n 的分段线性函数。

定义账户价值从 $W_{i,k}^n$ 变到 $W_{j,k'}^{n+1}$，$k' = 1, 2, \cdots, K$，保证账户价值从 A_h^n 变为 $A_{h'}^{n+1}$，$h' = 1, 2, \cdots, H$，分别对应提取金额 ξ_n 的集合为 Σ_1 和 Σ_2。由于

$$\xi_n = W_{i,k}^n - \frac{W_{j,k'}^{n+1} S_i^n}{S_j^{n+1} e^{-\alpha \Delta t}} = W_{i,k}^n - \frac{(k'-1) W_{j,\max}^{n+1} S_i^n}{(K-1) S_j^{n+1} e^{-\alpha \Delta t}} = W_{i,k}^n - \frac{(k'-1) W_{i,\max}^n}{(K-1)} = W_{i,k}^n - W_{i,k'}^n$$

(3.52)

以及 $A_{h'}^n$ 和 $A_{h'}^{n+1}$ 相等，提取金额 ξ_n 的集合 Σ_1 和 Σ_2 为

$$\Sigma_1 = \{\xi_n | \xi_n = W_{i,k}^n - W_{i,k'}^n, k' = 1, 2, \cdots, K\} \quad (3.53)$$

$$\Sigma_2 = \{\xi_n | \xi_n = A_h^n - A_{h'}^n, h' = 1, 2, \cdots, H\} \quad (3.54)$$

定义 $\Phi \equiv \Sigma_1 \cup \Sigma_2$，记 Φ 中的元素为 ξ_n^l，其中 $\xi_n^1 < \xi_n^2 < \cdots < \xi_n^d$ ($d \leq K + H$)。因此，在每个小区间 $[\xi_n^l, \xi_n^{l+1}]$ 上 $\frac{\partial V^n}{\partial \xi_n}$ 是关于 ξ_n 的线性函数。

给定 $(G, W_{i,k}^n, A_h^n)$ 以及合约允许的提取金额 ξ_n 的取值范围 $[0, L_{i,k,h}^n]$ 可以很容易在每个小区间 $[\xi_n^l, \xi_n^{l+1}]$ 上寻找局部最优解 ξ_n^{l*}，即

$$\xi_n^{l*} = \begin{cases} \frac{|y_l| \xi_n^{l+1} + |y_{l+1}| \xi_n^l}{|y_l| + |y_{l+1}|}, & y_l > 0 \text{ 并且 } y_{l+1} < 0 \\ \xi_n^l \text{ 或 } \xi_n^{l+1}, & \text{其他} \end{cases} \quad (3.55)$$

式中，

$$y_l = \frac{\partial V^n}{\partial \xi_n}\bigg|_{\xi_n = \xi_n^l} \quad \text{和} \quad y_{l+1} = \frac{\partial V^n}{\partial \xi_n}\bigg|_{\xi_n = \xi_n^{l+1}}$$

在这些局部最优解中，可以找到 $V^n(S_i^n, W_{i,k}^n, A_h^n, \xi_n)$ 的最优解 ξ_n^*。由于 GMWB 合约的价值 $V^n(S_i^n, W_{i,k}^n, A_h^n, \xi_n)$ 可以根据公式（3.36）求得，整个求解过程非常简洁。事实上，给定 $W_{i,k}^n$ 和 A_h^n，只需要对 Φ 的一小部分子集构成的区间进行求解。换句话说，给定 A_h^n、$W_{i,k}^n$ 和合约允许的提取金额 ξ_n 的取值范围 $[0, L_{i,k,h}^n]$，我们只需要计算 Φ 的一个子集 $\widetilde{\Phi}$ 来确定求解的区间。基于本书的数值实验，通常需要求解大约 8 个区间的局部最优解来确定最优提取策略 ξ_n^*。

表 3.1 列出了 $W_{i,k}^n$、A_h^n 和 G 的四种排序关系，并将 $W_{i,k}^n$ 和 A_h^n 分别简写为 W^n 和 A^n，给出了不同情况下提取策略的取值范围。在每种情况下，我们又将提取策略的集合分为几个子集来分别考虑，表 3.2 列出了每个子集上 $\overline{W}_j^{n+1}$、$\overline{A}^{n+1}$、a、b、c 的取值。在每个子集 $\widetilde{\Phi}$ 确定的求解区间上，$\frac{\partial V^n}{\partial \xi_n}$ 是关于 ξ_n 的线性函数。因此只需要求解区间端点（即上面所述的集合 $\widetilde{\Phi}$）对应的 $\frac{\partial V^n}{\partial \xi_n}$ 值，来求解每个小区间内的局部最优解，从而就能求解整个区间上的最优解。

下面在每种情况下，给出集合 $\widetilde{\Phi}$ 的求解方法。

表 3.1 不同 $W_{i,k}^n$、A_h^n 和 G 排序情况下，提取策略 ξ^n 的取值范围

情况	排序	ξ^n 范围	ξ^n 取值子集		
1	$W^n < A^n$, $G > W^n$	$[0, E^n]$	(i) $[0, W^n]$	(ii) $(W^n, E^n]$	
2	$W^n < A^n$, $G < W^n$	$[0, W^n]$	(i) $[0, G]$	(ii) $(G, W^n]$	
3	$A^n < W^n$, $G < A^n$	$[0, W^n]$	(i) $[0, G]$	(ii) $(G, A^n]$	(iii) $(A^n, W^n]$
4	$A^n < W^n$, $G > A^n$	$[0, W^n]$	(i) $[0, A^n]$	(ii) $(A^n, W^n]$	

表 3.2　　不同情况下，$\overline{W}_j^{n+1}$、$\overline{A}^{n+1}$、a、b、c 的取值

情况	$\overline{W}_j^{n+1}$，$\overline{A}^{n+1}$	a，b，c
1 (i), 2 (i), 3 (i), 4 (i)	$\overline{W}_j^{n+1} = (W^n - \xi_n) \dfrac{S_j^{n+1}}{S^n} e^{-\alpha \Delta t}$ $\overline{A}^{n+1} = A^n - \xi_n$	$a = 1$，$b = 1$，$c = 1$
1 (ii)	$\overline{W}_j^{n+1} = 0$ $\overline{A}^{n+1} = A^n - \xi_n$	$a = 0$，$b = 1$，$c = 1$
2 (ii)	$\overline{W}_j^{n+1} = (W^n - \xi_n) \dfrac{S_j^{n+1}}{S^n} e^{-\alpha \Delta t}$ $\overline{A}^{n+1} = A^n \dfrac{W^n - \xi_n}{W^n}$	$a = 1$，$b = \dfrac{A^n}{W^n}$，$c = 1 - \eta$
3 (ii)	$\overline{W}_j^{n+1} = (W^n - \xi_n) \dfrac{S_j^{n+1}}{S^n} e^{-\alpha \Delta t}$ $\overline{A}^{n+1} = A^n - \xi_n$	$a = 1$，$b = 1$，$c = 1 - \eta$
3 (iii), 4 (ii)	$\overline{W}_j^{n+1} = (W^n - \xi_n) \dfrac{S_j^{n+1}}{S^n} e^{-\alpha \Delta t}$ $\overline{A}^{n+1} = 0$	$a = 1$，$b = 0$，$c = 1 - \eta$

- 情况 1 和 2，即 $W^n \leqslant A^n$

当 $W_{i,k}^n \leqslant A_h^n$ 时，讨论子集 $\widetilde{\Phi}$ 的构建方式。在提款日 t_n，给定 $W_{i,k}^n \leqslant A_h^n$，合约允许的提取收益 ξ_n 的范围为 $[0, L_{i,k,h}^n]$，其中

$$L_{i,k,h}^n = \max\{W_{i,k}^n, \min\{A_h^n, G\}\} \tag{3.56}$$

计算子集 $\widetilde{\Phi}$ 时需要考虑三种情况，分别为：$\xi_n \in [0, \min\{G, W_{i,k}^n\}]$ [情况 1 (i) 和 2 (i)]；$\xi_n \in (W_{i,k}^n, E_h^n]$ [情况 1 (ii)]；$\xi_n \in (G, W_{i,k}^n)$ [情况 2 (ii)]。

1. 首先，考虑情况 1 (i) 和 2 (i)，此时 $\xi_n \in [0, \min\{G, W_{i,k}^n\}]$，我们有

$$\begin{aligned}
\frac{\partial V^n}{\partial \xi_n} &= -e^{-r\Delta t}\sum_{j=1}^{m} p_{ij}^n \Bigg\{ \frac{(K-1)}{W^0 S_i^n e^{-n\alpha\Delta t}} \Big[\left(V_{j,k^*+1,h^*}^{(n+1)*} - V_{j,k^*,h^*}^{(n+1)*}\right) \\
&\quad + \left(\frac{(H-1)(A_{h^*}^n - \xi_n)}{A_0} - h^* + 1\right)\left(V_{j,k^*+1,h^*+1}^{(n+1)*} - V_{j,k^*,h^*+1}^{(n+1)*} - V_{j,k^*+1,h^*}^{(n+1)*} + V_{j,k^*,h^*}^{(n+1)*}\right) \Big] \\
&\quad + \frac{(H-1)}{A_0}\Big[\left(V_{j,k^*,h^*+1}^{(n+1)*} - V_{j,k^*,h^*}^{(n+1)*}\right) \\
&\quad + \left(\frac{(K-1)(W_{i,k^*}^n - \xi_n)}{W^0 S_i^n e^{-n\alpha\Delta t}} - k^* + 1\right)\left(V_{j,k^*+1,h^*+1}^{(n+1)*} - V_{j,k^*+1,h^*}^{(n+1)*} - V_{j,k^*,h^*+1}^{(n+1)*} + V_{j,k^*,h^*}^{(n+1)*}\right) \Big] \Bigg\} \\
&\quad + 1
\end{aligned}$$

(3.57)

集合 Φ 的子集选取为 $\widetilde{\Phi} = \Phi \cup \{\min\{G, W_{i,k}^n\}\} \cap [0, \min\{G, W_{i,k}^n\}]$。

2. 然后考虑情况 1（ii），此时，$G \geqslant W_{i,k}^n$，$\xi_n \in (W_{i,k}^n, E_h^n]$。我们有

$$\frac{\partial V^n}{\partial \xi_n} = -e^{-r\Delta t}\sum_{j=1}^{m} p_{ij}^n \left(\frac{\partial V^{(n+1)*}}{\partial \overline{A}^{n+1}}\right) + 1 \tag{3.58}$$

显然 $\frac{\partial V^{(n+1)*}}{\partial \overline{A}^{n+1}} \leqslant 1$，由于 $\sum_{j=1}^{m} p_{ij}^n = 1$，因此我们有 $\left.\frac{\partial V^n}{\partial \xi_n}\right|_{\xi_n \in (W_{i,k}^n, E_h^n]} \geqslant 0$。也就是在 $(W_{i,k}^n, E_h^n]$ 区间内，V^n 是关于 ξ_n 的单调递增函数。在 $(W_{i,k}^n, E_h^n]$ 上的最优提取策略为 $\xi_n^* = E_h^n$。因此，该情况下不需要计算。

3. 最后，考虑情况 2（ii），此时 $\xi_n \in (G, W_{i,k}^n]$，我们有

$$\begin{aligned}
\frac{\partial V^n}{\partial \xi_n} &= -e^{-r\Delta t}\sum_{j=1}^{m} p_{ij}^n \Bigg\{ \frac{(K-1)}{W^0 S_i^n e^{-n\alpha\Delta t}} \Big[\left(V_{j,k^*+1,h^*}^{(n+1)*} - V_{j,k^*,h^*}^{(n+1)*}\right) \\
&\quad + \left(\frac{(H-1)(W_{i,k}^n - \xi_n)A_h^n}{A_0 W_{i,k}^n} - h^* + 1\right)\left(V_{j,k^*+1,h^*+1}^{(n+1)*} - V_{j,k^*,h^*+1}^{(n+1)*} - V_{j,k^*+1,h^*}^{(n+1)*} + V_{j,k^*,h^*}^{(n+1)*}\right) \Big] \\
&\quad + \frac{A_h^n(H-1)}{W_{i,k}^n A_0}\Big[\left(V_{j,k^*,h^*+1}^{(n+1)*} - V_{j,k^*,h^*}^{(n+1)*}\right) \\
&\quad + \left(\frac{(K-1)(W_{i,k}^n - \xi_n)}{W^0 S_i^n e^{-n\alpha\Delta t}} - k^* + 1\right)\left(V_{j,k^*+1,h^*+1}^{(n+1)*} - V_{j,k^*+1,h^*}^{(n+1)*} - V_{j,k^*,h^*+1}^{(n+1)*} + V_{j,k^*,h^*}^{(n+1)*}\right) \Big] \Bigg\} \\
&\quad + 1 - \eta
\end{aligned}$$

(3.59)

因为在该种情况下，保证账户价值 $\overline{A}^{n+1}$ 的更新方式发生了变化，需要重置，所以集合 Σ_2 需要改为 Σ_3。

$$\Sigma_3 = \left\{\xi_n | \xi_n = W_{i,k}^n - \frac{W_{i,k}^n A_{h'}^n}{A_h^n}, h' = 1, 2, \cdots, H\right\}$$

因此，此种情况下，子集 $\tilde{\Phi}$ 可以写为

$$\tilde{\Phi} = \Sigma_1 \cup \Sigma_3 \cup \{W_{i,k}^n\} \cap (G, W_{i,k}^n) \tag{3.60}$$

- 情况 3 和 4，即 $W^m > A^n$

当 $W_{i,k}^n > A_h^n$ 时，合约允许的提取金额 ξ_n 的范围为 $[0, W_{i,k}^n]$。下面分两种情况讨论子集 $\tilde{\Phi}$：$\xi_n \in [0, A_h^n]$ [情况 3（i）、3（ii）和 4（i）] 和 $\xi_n \in (A_h^n, W_{i,k}^n]$ [情况 3（iii）和 4（ii）]。

1. 首先考虑情况 3（i）、3（ii）和 4（i），当 $\xi_n \in [0, A_h^n]$ 时，我们有

$$\begin{aligned}\frac{\partial V^n}{\partial \xi_n} =& -e^{-r\Delta t} \sum_{j=1}^{m} p_{ij}^n \Bigg\{ \frac{(K-1)}{W^0 S_i^n e^{-n\alpha\Delta t}} \Big[\left(V_{j,k^*+1,h^*}^{(n+1)*} - V_{j,k^*,h^*}^{(n+1)*} \right) \\ & + \left(\frac{(H-1)(A_{h^*}^n - \xi_n)}{A_0} - h^* + 1 \right) \left(V_{j,k^*+1,h^*+1}^{(n+1)*} - V_{j,k^*,h^*+1}^{(n+1)*} - V_{j,k^*+1,h^*}^{(n+1)*} + V_{j,k^*,h^*}^{(n+1)*} \right) \Big] \\ & + \frac{(H-1)}{A_0} \Big[\left(V_{j,k^*,h^*+1}^{(n+1)*} - V_{j,k^*,h^*}^{(n+1)*} \right) \\ & + \left(\frac{(K-1)(W_{i,k^*}^n - \xi_n)}{W^0 S_i^n e^{-n\alpha\Delta t}} - k^* + 1 \right) \left(V_{j,k^*+1,h^*+1}^{(n+1)*} - V_{j,k^*+1,h^*}^{(n+1)*} - V_{j,k^*,h^*+1}^{(n+1)*} + V_{j,k^*,h^*}^{(n+1)*} \right) \Big] \Bigg\} \\ & + c \end{aligned}$$

$$\tag{3.61}$$

其中

$$c = \begin{cases} 1, & G \geq A_h^n \\ 1 \cdot \mathbb{I}(\xi_n \leq G) + (1-\eta) \cdot \mathbb{I}(\xi_n > G), & G < A_h^n \end{cases} \tag{3.62}$$

子集 $\tilde{\Phi}$ 为

$$\tilde{\Phi} = \begin{cases} \Phi \cup \{A_h^n\} \cap [0, A_h^n], & G \geq A_h^n \\ \Phi \cup \{G, A_h^n\} \cap [0, A_h^n], & 其他 \end{cases} \tag{3.63}$$

2. 下面考虑情况 3（iii）和 4（ii），当 $\xi_n \in (A_h^n, W_{i,k}^n]$ 时，我们有

$$\frac{\partial V^n}{\partial \xi_n} = -e^{-r\Delta t} \sum_{j=1}^{m} p_{ij}^n \left(e^{-\alpha\Delta t} \frac{S_j^{n+1}}{S_i^n} \frac{\partial V^{(n+1)*}}{\partial \overline{W}_j^{n+1}} \right) + 1 - \eta \tag{3.64}$$

其中

$$\frac{\partial V^{(n+1)*}}{\partial \overline{W}_j^{n+1}} = \frac{V_{j,k^*+1,1}^{(n+1)*} - V_{j,k^*,1}^{(n+1)*}}{W_{j,k^*+1}^{n+1} - W_{j,k^*}^{n+1}} = \frac{(K-1)\left(V_{j,k^*+1,1}^{(n+1)*} - V_{j,k^*,1}^{(n+1)*}\right)}{W^0 S_j^{n+1} e^{-(n+1)\alpha\Delta t}} \tag{3.65}$$

子集 Φ 为

$$\tilde{\Phi} = \Sigma_1 \cup \{W_{i,k}^n\} \cap (A_h^n, W_{i,k}^n] \tag{3.66}$$

至此，基于不同情况下 ξ_n 的取值范围，求解出了不同情况下 Φ 的子集 $\tilde{\Phi}$。一旦求解出集合 $\tilde{\Phi}$，不需要搜索，便可以根据公式（3.55）直接求解出每个区间 $[\xi_n^l, \xi_n^{l+1}]$ 上的局部最优解，然后可以在这些局部最优解中找到最优解 ξ_n^*。

第三节　GMWB 定价数值结果与敏感性分析

本节在几何布朗运动模型、CEV 模型和 Merton 跳扩散模型下进行数值实验，对含有 GMWB 的变额年金进行定价。分别考虑给定提取策略（static）、可提前终止合约（mix）和优化提取策略（dynamic）三种模型，同时考虑死亡风险的影响。将柳树法（WT）结果与其他方法进行比较，包括二叉树/三叉树方法（YDT）[89]、数值积分方法（BMM）[3]、Gauss-Hermite quadrature on cubic spline 方法（GHQC）[66]、Fourier-cosine 方法（COS）[1]和蒙特卡罗方法（MC）[9]。所有数值实验在操作系统为 Windows 10 Professional 的计算机上运行，内存 8GB，处理器为 Intel（R）Core（TM）i7-5600U CPU@2.60GHz，软件版本为 MATLAB R2017b。

首先，在柳树法定价框架下，分析空间节点数 m 和账户价值离散点数 K 对 GMWB 合约初始价值 V^0 的影响。假设风险资产价格服从几何布朗运动（GBM）。图 3.1（a）为 20 年到期的不同波动率情况下的 GMWB 合约价值与 $1/m$ 的关系图，其中利率为 $r = 3.25\%$，保费为 $\alpha = 50\mathrm{bp}$。数值结果表明，随着 m 增大（相当于 $1/m$ 趋于零），柳树法定价

GMWB 数值结果收敛。类似地，图 3.1（b）揭示了随着 K 增大（相当于 $1/K$ 趋于零），柳树法定价 GMWB 数值结果收敛。基于以上收敛性分析的结果，除非特别说明，在几何布朗运动模型下数值实验选取 $m = 100$ 和 $K = 20$。

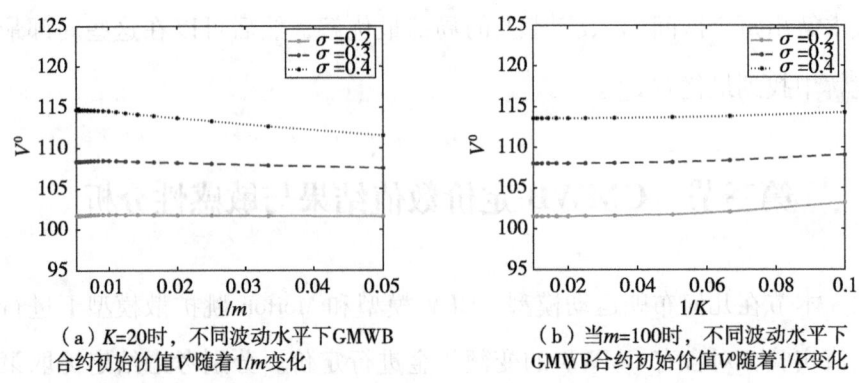

(a) $K=20$ 时，不同波动水平下 GMWB 合约初始价值 V^0 随着 $1/m$ 变化

(b) 当 $m=100$ 时，不同波动水平下 GMWB 合约初始价值 V^0 随着 $1/K$ 变化

图 3.1 几何布朗运动下，柳树法定价 GMWB 数值结果相对于空间节点数 m 和账户价值离散点数 K 的收敛性

一、几何布朗运动模型

在资产价格服从几何布朗运动时，GMWB 定价已经有很多学者进行了研究。本节将柳树法（WT）计算结果与其他方法进行对比，包括二叉树/三叉树方法（YDT）[89]、数值积分方法（BMM）[3] 和蒙特卡罗方法（MC）[9]。首先考虑给定提取策略模型，在不同到期日和不同波动率下对 GMWB 进行定价。蒙特卡罗模拟次数为 10^5。

图 3.2 显示了在给定提取策略定价模型下（不考虑死亡风险和提前终止条款），当资产价格服从几何布朗运动时，四种定价方法定价 GMWB 合约初始价值 V^0 随着保费 α 的变化。参数为 $T = 20$，$r = 3.25\%$ 和 $\sigma = 0.2$。当保费从 0 变到 100bp 时，GMWB 初始价值降低 10%。从图

中可以看出，四种定价方法结果非常相近。表 3.3 记录了四种方法的定价结果与相应的计算时间，此处保费设为 50bp。在二叉树/三叉树方法（YDT）[89]中，两个相邻提款日之间的时间节点数为 50 和 100。在数值积分方法（BMM）[3]中，K 为投资账户价值离散点数，本实验中 $K=200$ 或 300。数值实验表明，在 BMM 方法中，K 通常需要大于 200 才能使得计算结果达到满意的精度。我们也在表 3.3 中列出了柳树法（WT）$m=100$ 的计算结果和蒙特卡罗方法（MC）结果的相对误差（RE）。同时可以看到柳树法结果落在蒙特卡罗方法 99% 的置信区间 CI（99%）内。可以说明，柳树法定价结果非常精确，相比于现有的二叉树/三叉树方法（YDT），数值积分方法（BMM）和蒙特卡罗方法（MC）节省了计算时间，尤其对于期限比较长的合约而言，明显提高了计算效率。

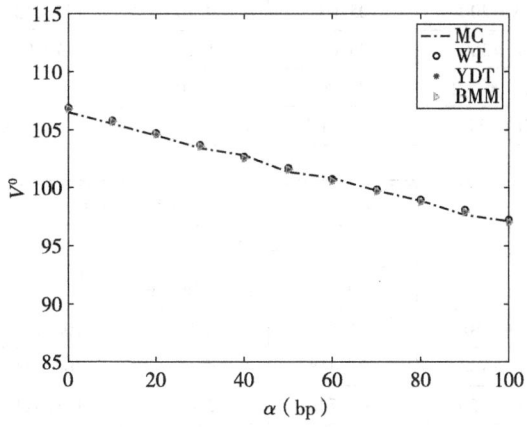

图 3.2　在给定提取策略模型下，资产价格服从几何布朗运动，不同方法计算的 GMWB 合约初始价值 V^0 随着保费 α 的变化

表 3.3　几何布朗运动下，四种方法计算 GMWB 合约初始价值和计算时间（秒）对比（不考虑死亡风险和提前终止条款）

参数为：保费 $\alpha = 50\text{bp}$ 和利率 $r = 3.25\%$。其中，m 是柳树法空间节点数，N 是 YDT 方法中的步数，K 是 BMM 方法中的账户价值点数，CI（99%）为蒙特卡罗方法（MC）99% 置信区间，RE 为柳树法（WT）$m=100$ 的计算结果和蒙特卡罗方法（MC）结果的相对误差

		$T=10$　$G=10$			
		$\sigma=0.2$		$\sigma=0.3$	
		V^0	计算时间（秒）	V^0	计算时间（秒）
WT	$m=50$	105.174	0.09	111.273	0.09
WT	$m=100$	105.269	0.44	111.461	0.42
WT	$m=150$	105.264	0.94	111.476	0.91
YDT	$N=50T$	105.009	0.11	111.183	0.08
YDT	$N=100T$	105.007	1.02	111.182	0.84
BMM	$K=200$	105.032	0.70	111.215	0.77
BMM	$K=300$	105.014	1.25	111.191	1.14
MC	10^5 次模拟	105.066	6.70	111.142	6.64
CI（99%）		(104.743, 105.389)		(110.554, 111.730)	
RE		0.19%		0.29%	
		$T=20$　$G=5$			
		$\sigma=0.2$		$\sigma=0.3$	
		V^0	计算时间（秒）	V^0	计算时间（秒）
WT	$m=50$	101.730	0.23	108.190	0.23
WT	$m=100$	101.818	1.16	108.471	0.92
WT	$m=150$	101.748	2.06	108.411	1.95
YDT	$N=50T$	101.536	0.98	108.276	0.72
YDT	$N=100T$	101.535	7.53	108.275	7.28
BMM	$K=200$	101.600	3.58	108.593	3.39
BMM	$K=300$	101.556	4.31	108.437	4.95
MC	10^5 次模拟	101.616	11.97	108.420	11.92
CI（99%）		(101.314, 101.918)		(107.978, 108.863)	
RE		0.20%		0.05%	

续表

		$T=25$ $G=4$			
		$\sigma=0.2$		$\sigma=0.3$	
		V^0	计算时间（秒）	V^0	计算时间（秒）
WT	$m=50$	99.758	0.42	105.937	0.31
WT	$m=100$	99.857	1.36	106.340	1.39
WT	$m=150$	99.782	2.88	106.298	3.39
YDT	$N=50T$	99.524	1.91	106.229	1.58
YDT	$N=100T$	99.524	14.83	106.226	13.30
BMM	$K=200$	99.649	4.95	106.801	4.625
BMM	$K=300$	99.569	7.14	106.591	6.578
MC	10^5 次模拟	99.606	16.17	106.474	14.77
	CI (99%)	(98.754, 100.459)		(105.725, 107.223)	
RE		0.25%		0.13%	

下面，考虑死亡风险和提前终止条款对 GMWB 价格的影响。由于 BMM 方法没有考虑死亡风险，我们只与 YDT 方法进行比较。假设投保者为 40 岁的男性[①]。表 3.4 为柳树法（WT）和二叉树/三叉树方法（YDT）计算的公允保费 α 结果，考虑了是否含有死亡风险以及是否含有提前终止条款四种情况。在不同的到期日和不同的波动率下，柳树法计算结果和二叉树/三叉树方法定价结果非常接近。相比之下，柳树法节约了计算时间，尤其对于期限比较长的合约而言，提高了计算效率。数值结果表明，当波动率比较大时，提前终止条款对保费的影响比较大。本实验中，罚金为 $\eta=10\%$，罚金比例相对比较高。当波动率 $\sigma=0.2$ 时，提前终止条款对合约价格影响不大，因为此时波动率较小，高额的罚金可能导致投资者不会选择提前终止合约。当波动率 $\sigma=0.3$ 时，提前终止条款对合约价格影响明显变大。因此，对于高波动率的风险资产，需要注意对含

---

① 本书采用 Society of Actuaries Group 发布的 1994 Group Annuitant Mortality (GAM) Static Table 和 1994 Mortality Improvement Projection Scale 数据来估计死亡率。

有提前终止条款的 GMWB 的风险管理，尤其对于期限比较短的合约更需要考虑其风险。死亡风险是定价和对冲中需要考虑的另一个风险因素。从表 3.4 中可以看出，死亡风险降低了 GMWB 合约价值。当不含有提前终止条款时，死亡风险影响不大。也就是说，提前终止条款增大了死亡风险对合约价值的影响，尤其在波动率比较大时影响更明显。

表 3.4 几何布朗运动下，在考虑死亡风险以及提前终止条款时，柳树法（WT）和二叉树/三叉树（YDT）方法定价 GMWB 公允保费（bp）对比

参数为：利率 $r=3.25\%$ 和罚金 $\eta=10\%$

	$T=20\ \ G=5$			$\sigma=0.2$	$\sigma=0.3$
不含有提前终止条款	不考虑死亡风险	WT	$m=50$	69	141
		WT	$m=100$	69	144
		WT	$m=150$	69	144
		YDT	$N=50T$	66	142
		YDT	$N=100T$	66	142
	考虑死亡风险	WT	$m=50$	67	139
		WT	$m=100$	68	142
		WT	$m=150$	67	141
		YDT	$N=50T$	65	140
		YDT	$N=100T$	65	140
含有提前终止条款	不考虑死亡风险	WT	$m=50$	69	230
		WT	$m=100$	69	232
		WT	$m=150$	69	228
		YDT	$N=50T$	66	224
		YDT	$N=100T$	66	224
	考虑死亡风险	WT	$m=50$	67	220
		WT	$m=100$	68	222
		WT	$m=150$	67	218
		YDT	$N=50T$	65	215
		YDT	$N=100T$	65	215

续表

				$\sigma = 0.2$	$\sigma = 0.3$
	$T=30$ $G=10/3$				
不含有提前终止条款	不考虑死亡风险	WT	$m=50$	35	73
		WT	$m=100$	36	77
		WT	$m=150$	36	77
		YDT	$N=50T$	34	77
		YDT	$N=100T$	34	77
	考虑死亡风险	WT	$m=50$	34	70
		WT	$m=100$	35	74
		WT	$m=150$	34	74
		YDT	$N=50T$	33	76
		YDT	$N=100T$	33	76
含有提前终止条款	不考虑死亡风险	WT	$m=50$	35	119
		WT	$m=100$	36	121
		WT	$m=150$	36	118
		YDT	$N=50T$	34	114
		YDT	$N=100T$	34	114
	考虑死亡风险	WT	$m=50$	34	106
		WT	$m=100$	35	108
		WT	$m=150$	34	105
		YDT	$N=50T$	33	106
		YDT	$N=100T$	33	105

图 3.3 显示了给定提取策略模型、可提前终止合约模型和最优提取策略模型下，波动率 $\sigma=0.4$ 的情况下，公允保费随着罚金比例 η 和合约期限 T 的变化。从图 3.3（a）可以看出，在高波动率的情况下，可提前终止合约模型和优化提取策略模型结果在不同的罚金比例下都非常接近。这意味着，此时投资者可能选择提前终止合约或者按照合约规定的 G 提取收益，而不选择部分提取收益。随着罚金 η 增加，给定提取策略模型和可提前终止合约模型下保费逐渐接近。从而可以得出，保险

公司可以通过提高罚金比例来控制投资者提前终止合约带来的风险。从图3.3（b）可以看出，提前终止条款带来的价值随着合约期限增加而减小。

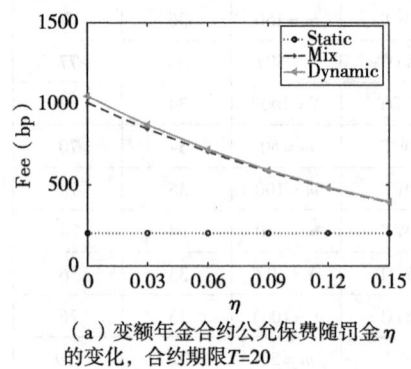
（a）变额年金合约公允保费随罚金 η 的变化，合约期限 $T=20$

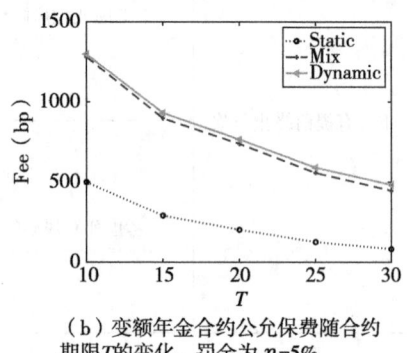
（b）变额年金合约公允保费随合约期限 T 的变化，罚金为 $\eta=5\%$

图3.3 几何布朗运动下，给定提取策略模型、可提前终止合约模型和优化提取策略模型定价时，波动率 $\sigma = 0.4$ 和利率 $r = 3\%$ 时，公允保费 Fee（bp）随罚金 η 和合约期限 T 的变化

表3.5 为几何布朗运动下，柳树法（WT）和数值积分方法（BMM）计算 GMWB 公允保费数值结果的对比。考虑了给定提取策略模型、可提前终止合约模型和优化提取策略模型，在不同利率 r 和合约到期日 T 下进行定价。因为 YDT 方法没有考虑优化提取策略模型下定价，本实验没有与其对比。数值结果说明，优化提取策略模型下合约价值比给定提取策略模型和可提前终止合约模型大。随着利率 r 和 T 增大，GMWB 合约公允保费减少。BMM 方法在优化提取策略模型下计算公允保费运用了在提款日对提取金额穷举搜索的方法，因此其计算成本很高。本书在柳树法框架下提出了一个有效的优化算法计算最优提取策略，计算效率有明显的提高。在表3.5中，优化提取策略模型下 BMM 和 WT 方法计算结果有一定差别，但是我们相信本书方法具有较高的精

度。为了表明本书对于优化提取策略模型计算的精度较高,将 WT 结果与 GHQC 方法[66]和 COS 方法[1]进行对比。但是,在 GHQC 方法[66]和 COS 方法[1]中,GMWB 合约条款与本书的条款有一些差别,具体差别在表 3.6 中列出。

表 3.5　几何布朗运动下,柳树法(WT)和数值积分方法(BMM)
计算 GMWB 公允保费数值结果对比

考虑给定提取策略模型、可提前终止合约模型和优化提取策略模型,在不同利率 r 和合约到期日 T 下进行定价。参数为:波动率 $\sigma = 0.1361$ 和罚金 $\eta = 5\%$

	$T=20$		r	0.03	0.04	0.05
Static	WT		Fee(bp)	33	16	8
			计算时间(秒)	3.0	2.7	2.8
	BMM		Fee(bp)	31	15	7
			计算时间(秒)	30.0	32.0	30.1
Mix	WT		Fee(bp)	33	16	8
			计算时间(秒)	3.5	2.7	2.9
	BMM		Fee(bp)	31	15	8
			计算时间(秒)	33.3	34.3	34.2
Dynamic	WT		Fee(bp)	81	38	22
	BMM		Fee(bp)	78	27	12
	$r=5\%$		T	10	15	20
Static	WT		Fee(bp)	35	16	8
			计算时间(秒)	1.5	1.6	2.6
	BMM		Fee(bp)	32	14	7
			计算时间(秒)	9.2	17.5	30.5
Mix	WT		Fee(bp)	35	16	8
			计算时间(秒)	1.3	1.7	2.8
	BMM		Fee(bp)	33	15	8
			计算时间(秒)	8.8	18.9	32.2

续表

	$r = 5\%$	T	10	15	20
Dynamic	WT	Fee（bp）	49	35	22
	BMM	Fee（bp）	50	24	12

表 3.6　在 WT、BMM、GHQC 和 COS 四种 GMWB 优化

提取策略定价方法中，合约条款区别

	A^n 更新条款	到期收益	t_n 时刻 ξ_n 取值范围
WT	根据 (2.4) 更新	$\max\{W^N, A^N\}$	$\xi_n \in [0, \max\{W^n, \min\{G, A^n\}\}]$
BMM	根据 (2.4) 更新	$\max\{W^N, A^N\}$	$\xi_n \in [0, \max\{W^n, \min\{G, A^n\}\}]$
GHQC	无更新	$\max\{W^N, \varphi(A^N)\}$	$\xi_n \in [0, A^n]$
COS	无更新/根据 (2.5) 更新	$\max\{W^N, \varphi(A^N)\}$	$\xi_n \in [0, A^n]$

表 3.7 和表 3.8 为按照 Alonso-García 等[1] 中描述的 GMWB 条款计算的公允保费的结果。数值结果包括 WT、GHQC 和 COS 三种方法定价的结果。与 GHQC 和 COS 定价结果对比，体现了本书提出的 WT 方法定价精度较高。由于 BMM 方法没有考虑 Alonso-García 等[1] 中描述的 GMWB 条款的情况，所以 BMM 方法的结果没有在此处考虑。从表中也可以看出，公允保费随着每年提款频率的提高而增加，随着罚金 η 的增加而减小。

表 3.7　几何布朗运动下，WT 和 GHQC 两种方法在优化提取策略

模型下对 GMWB 公允保费（bp）定价结果对比

参数为：$T = 10$，$r = 5\%$，$\eta = 10\%$

$T = 10$		$\sigma = 0.2$	$\sigma = 0.3$
每年提取一次	WT	130	293
	GHQC	129	293
每半年提取一次	WT	137	303
	GHQC	134	303

表 3.8　几何布朗运动下，WT、GHQC 和 COS 三种方法在优化提取策略模型下对 GMWB 公允保费（bp）定价结果对比

参数为：$\sigma = 0.2$, $r = 5\%$

T	$\eta = 5\%$			$\eta = 10\%$		
	WT	COS	GHQC	WT	COS	GHQC
10	219	217	217	138	136	136
20	124	123	124	72	70	70
25	102	102	102	56	55	56

最后，表 3.9 为给定提取策略模型下，GMWB 合约初始价值与计算时间（秒）在不同的空间节点数 m 和账户价值离散点数 K 下的数值结果。GMWB 合约的期限为 20 年，每年提取一次收益，无风险利率 $r = 5\%$。GMWB 合约的初始投资为 100。计算时间随着 m 和 K 超线性增长。

表 3.9　在给定提取策略模型下，GMWB 合约初始价值与计算时间（秒）在不同的空间节点数 m 和账户价值离散点数 K 下的数值结果

括号里为计算时间。GMWB 合约的期限为 20 年，每年提取一次收益，无风险利率 $r = 5\%$。几何布朗运动模型参数 $\sigma = 0.2$，Merton 跳扩散模型参数 $\sigma = 0.1114$，$\alpha_J = -0.1825$，$\sigma_J = 0.1094$，$\lambda = 0.5282$

	(a) 几何布朗运动模型					(b) Merton 跳扩散模型			
	K					K			
m	10	20	40	80	m	10	20	40	80
10	100.71 (0.012)	99.64 (0.018)	99.52 (0.025)	99.49 (0.065)	10	101.06 (0.019)	100.10 (0.027)	100.00 (0.030)	99.98 (0.084)
20	100.98 (0.028)	99.91 (0.040)	99.80 (0.100)	99.77 (0.256)	20	100.97 (0.063)	99.99 (0.072)	99.90 (0.130)	99.87 (0.327)
40	101.10 (0.090)	100.03 (0.143)	99.92 (0.341)	99.89 (1.010)	40	100.95 (0.141)	99.98 (0.219)	99.88 (0.425)	99.86 (1.133)
80	101.18 (0.253)	100.11 (0.485)	100.00 (1.295)	99.97 (3.933)	80	100.95 (0.386)	99.98 (0.670)	99.89 (1.511)	99.86 (4.342)

续表

(a) 几何布朗运动模型					(b) Merton 跳扩散模型				
	K					K			
m	10	20	40	80	m	10	20	40	80
160	101.12 (0.893)	100.06 (2.208)	99.94 (5.332)	99.91 (16.156)	160	100.97 (1.270)	100.00 (2.417)	99.90 (6.052)	99.88 (18.043)
320	101.06 (3.912)	100.00 (8.618)	99.88 (23.936)	99.86 (71.096)	320	100.98 (5.238)	100.01 (10.167)	99.91 (25.410)	99.89 (78.340)

二、CEV 模型

目前，其他文献还没有在 CEV 模型下对 GMWB 定价，因此本实验在静态模型下将柳树法（WT）和蒙特卡罗方法（MC）进行对比，假设保费为 50bp。表 3.10 为 CEV 模型下，在给定提取策略定价模型时（不考虑死亡风险和提前终止条款），柳树法（WT）和蒙特卡罗法（MC）计算 GMWB 合约初始价值数值结果的对比。柳树法结果落在蒙特卡罗法定价结果的 99% 置信区间内，从而说明了柳树法定价的准确性。然后，考虑死亡风险和提前终止条款对公允保费的影响（见表 3.11）。与几何布朗运动模型类似，提前终止条款对合约的公允保费影响较大，尤其对于高波动率的情况，影响更为明显。从数值结果也可以看出，不同的提款策略下，CEV 模型参数 β 对合约价值影响不大（见表 3.12）。

表 3.10　在 CEV 模型下，不考虑死亡风险和提前终止条款，
柳树法（WT）和蒙特卡罗法（MC）计算 GMWB 合约初始价值数值结果对比

其中，m 是柳树法空间节点数，n 是蒙特卡罗法模拟次数，

括号里为蒙特卡罗法定价结果的 99% 置信区间

	$T=10$　$G=10$		$\sigma=0.2$	$\sigma=0.3$	$\sigma=0.4$
$\beta=0.3$	WT	$m=100$	104.761	110.940	117.208
	MC	$n=50000$	(104.542, 105.202)	(110.778, 111.770)	(116.596, 117.952)
$\beta=0.5$	WT	$m=100$	104.779	111.026	117.442
	MC	$n=50000$	(104.643, 105.352)	(110.513, 111.621)	(116.257, 117.772)
$\beta=0.7$	WT	$m=100$	104.809	111.154	117.785
	MC	$n=50000$	(104.492, 105.257)	(110.425, 111.662)	(116.357, 118.173)
	$T=20$　$G=5$		$\sigma=0.2$	$\sigma=0.3$	$\sigma=0.4$
$\beta=0.3$	WT	$m=100$	101.066	107.831	114.638
	MC	$n=50000$	(100.727, 101.615)	(107.602, 108.919)	(114.500, 116.290)
$\beta=0.5$	WT	$m=100$	101.031	107.813	114.712
	MC	$n=50000$	(101.129, 102.117)	(107.136, 108.656)	(113.625, 115.732)
$\beta=0.7$	WT	$m=100$	100.990	107.765	114.736
	MC	$n=50000$	(100.697, 101.803)	(106.781, 108.587)	(113.374, 116.151)
	$T=25$　$G=4$		$\sigma=0.2$	$\sigma=0.3$	$\sigma=0.4$
$\beta=0.3$	WT	$m=100$	98.986	105.691	112.437
	MC	$n=50000$	(98.933, 99.893)	(105.667, 107.105)	(112.214, 114.147)
$\beta=0.5$	WT	$m=100$	98.914	105.594	112.380
	MC	$n=50000$	(98.840, 99.917)	(105.403, 107.075)	(110.412, 112.700)
$\beta=0.7$	WT	$m=100$	98.814	105.398	112.124
	MC	$n=50000$	(98.582, 99.815)	(104.381, 106.413)	(111.421, 114.506)

表 3.11 在 CEV 模型下，考虑死亡风险和提前终止条款，柳树法定价 GMWB 公允保费的数值结果

参数为：$m=100$，$r=3.25\%$，$\eta=10\%$

	$T=10\ \ G=10$		$\sigma=0.2$	$\sigma=0.3$	$\sigma=0.4$
$\beta=0.3$	不含有提前终止条款	不考虑死亡风险	161	310	456
		考虑死亡风险	159	308	453
	含有提前终止条款	不考虑死亡风险	161	430	853
		考虑死亡风险	159	422	838
$\beta=0.5$	不含有提前终止条款	不考虑死亡风险	163	318	472
		考虑死亡风险	161	315	468
	含有提前终止条款	不考虑死亡风险	163	439	866
		考虑死亡风险	162	431	851
$\beta=0.7$	不含有提前终止条款	不考虑死亡风险	167	333	504
		考虑死亡风险	164	325	488
	含有提前终止条款	不考虑死亡风险	165	450	886
		考虑死亡风险	164	443	871
	$T=20\ \ G=5$		$\sigma=0.2$	$\sigma=0.3$	$\sigma=0.4$
$\beta=0.3$	不含有提前终止条款	不考虑死亡风险	61	130	198
		考虑死亡风险	60	129	196
	含有提前终止条款	不考虑死亡风险	61	205	476
		考虑死亡风险	60	196	460
$\beta=0.5$	不含有提前终止条款	不考虑死亡风险	61	132	202
		考虑死亡风险	60	130	200
	含有提前终止条款	不考虑死亡风险	61	206	478
		考虑死亡风险	60	198	461
$\beta=0.7$	不含有提前终止条款	不考虑死亡风险	60	133	207
		考虑死亡风险	59	131	204
	含有提前终止条款	不考虑死亡风险	61	211	487
		考虑死亡风险	60	202	469

续表

$T=25\quad G=4$			$\sigma=0.2$	$\sigma=0.3$	$\sigma=0.4$
$\beta=0.3$	不含有提前终止条款	不考虑死亡风险	42	94	146
		考虑死亡风险	41	93	144
	含有提前终止条款	不考虑死亡风险	42	151	380
		考虑死亡风险	41	142	362
$\beta=0.5$	不含有提前终止条款	不考虑死亡风险	41	95	147
		考虑死亡风险	40	93	145
	含有提前终止条款	不考虑死亡风险	42	151	378
		考虑死亡风险	40	142	359
$\beta=0.7$	不含有提前终止条款	不考虑死亡风险	40	92	145
		考虑死亡风险	39	92	146
	含有提前终止条款	不考虑死亡风险	41	154	382
		考虑死亡风险	40	144	362

表 3.12 在 CEV 模型下，柳树法计算 GMWB 合约的公允保费（bp）
在给定提取策略模型、可提前终止合约模型和优化提取策略模型下的数值结果

参数为：$\sigma=0.2$，$\eta=5\%$

$T=20$	r	0.03	0.04	0.05
$\beta=0.3$	Static	69	37	16
	Mix	113	43	18
	Dynamic	165	77	26
$\beta=0.5$	Static	69	37	16
	Mix	112	42	16
	Dynamic	162	74	25
$\beta=0.7$	Static	69	37	15
	Mix	110	42	15
	Dynamic	159	73	23

续表

$r=5\%$	T	20	25	30
	Static	69	49	36
$\beta=0.3$	Mix	113	81	60
	Dynamic	165	123	92
	Static	69	48	35
$\beta=0.5$	Mix	112	80	58
	Dynamic	162	119	88
	Static	69	48	34
$\beta=0.7$	Mix	110	79	56
	Dynamic	159	117	86

三、Merton 跳扩散模型

本实验在 Merton 跳扩散模型下，比较柳树法（WT）和 BMM 方法定价 GMWB 数值结果。首先，我们将数值结果与 Huang 等[54]结果进行对比，验证柳树法具有较高的精度。从表 3.13 可以看出，柳树法定价结果和 Huang 等[54]定价结果十分接近。接下来，表 3.14 和表 3.15 展示了柳树法（WT）和 BMM 方法在给定提取策略模型、可提前终止合约模型和优化提取策略模型下的定价 GMWB 的数值结果。与前面的结果类似，公允保费随利率 r 的增加而减小，故利率对于较长期限的 GMWB 合约是一个重要的风险因素。从表 3.15 可以看出，随着罚金 η 的增大，可提前终止合约模型和优化提取策略模型下的公允保费收敛到给定提取策略模型的结果。换句话说，在罚金较高时，投保者一般不会提前终止合约。故对于保险公司而言，提前终止条款带来的风险可以用罚金来控制。由于 BMM 方法在优化提取策略模型下计算的公允保费运用的搜索方法效果不好，故表中列出的优化提取策略模型下定价结果不能作为定价的衡量标准。

表 3.13 在 Merton 跳扩散模型下，柳树法（WT）和 Huang 等[54]
方法计算的优化提取策略模型下 GMWB 合约公允保费结果

参数为：$T=10$，$r=5\%$，$\sigma=0.3$，$\alpha_J=-0.9$，$\sigma_J=0.45$，$\lambda=0.1$，$\eta=10\%$

	Fee（bp）
Huang 等[54]	454.52
WT	453.44

表 3.14 在 Merton 跳扩散模型下，柳树法（WT）和 BMM 方法
定价 GMWB 合约的公允保费随利率 r 和合约期限 T 变化的数值结果

参数为：$\sigma=0.1114$，$\alpha_J=-0.1825$，$\sigma_J=0.1094$，$\lambda=0.5282$，$\eta=5\%$

$T=20$		r（%）	3	4	5	6	7
Static	WT	Fee（bp）	68	41	25	16	10
	BMM	Fee（bp）	66	41	25	16	10
Mix	WT	Fee（bp）	87	42	25	16	10
	BMM	Fee（bp）	83	40	25	16	10
Dynamic	WT	Fee（bp）	138	69	37	23	15
	BMM（bang-bang）	Fee（bp）	88	44	29	19	15
	BMM（brute search）	Fee（bp）	469	129	46	27	16
$r=5\%$		T	10	15	20	25	30
Static	WT	Fee（bp）	84	44	25	16	11
	BMM	Fee（bp）	82	43	25	16	12
Mix	WT	Fee（bp）	84	44	25	16	11
	BMM	Fee（bp）	82	43	25	16	12
Dynamic	WT	Fee（bp）	99	61	37	23	15
	BMM（bang-bang）	Fee（bp）	88	46	29	22	18
	BMM（brute search）	Fee（bp）	201	95	46	28	18

表 3.15　在 Merton 跳扩散模型下，柳树法（WT）和 BMM 方法
定价 GMWB 合约公允保费随罚金 η 变化的数值结果

参数为：$\sigma = 0.1114$, $\alpha_J = -0.1825$, $\sigma_J = 0.1094$, $\lambda = 0.5282$

$T=20$	$r=5\%$	η (%)	0	1	2	3	4	5
Static	WT	Fee (bp)	25	25	25	25	25	25
	BMM	Fee (bp)	25	25	25	25	25	25
Mix	WT	Fee (bp)	97	58	36	26	25	25
	BMM	Fee (bp)	94	55	34	25	25	25
Dynamic	WT	Fee (bp)	234	167	111	71	45	37
	BMM (bang-bang)	Fee (bp)	96	58	37	29	29	29
	BMM (brute search)	Fee (bp)	195	142	103	75	57	46

下面考虑时变罚金 η 对 GMWB 合约价值的影响。假设罚金 η 在合约期限内随时间减少，考虑一个 20 年的 GMWB 合约，表 3.16（a）中给出了一种时变罚金 η 在不同时间的取值，罚金在合约期限内随时间减少。在合约前五年，罚金为 3.0%，然后每五年递减，直到最后五年减至 1.5%。在该时变罚金的水平下，柳树法计算 20 年的 GMWB 合约公允保费值在表 3.16（b）中列出。与表 3.15 中恒定罚金 $\eta=3\%$ 的数值结果相比，递减的罚金下合约价值增加并不明显，这个结果与 Chen 等[17]中的结论一致。

表 3.16　在 Merton 跳扩散模型下，给定时变罚金水平，柳树法
计算 20 年的 GMWB 合约公允保费值

参数为：$r=5\%$, $\sigma = 0.1114$, $\alpha_J = -0.1825$, $\sigma_J = 0.1094$, $\lambda = 0.5282$

（a）时变罚金 η，罚金在合约期限内随时间减少			
Year	$0 \leqslant t \leqslant 5$	$5 < t \leqslant 10$	$10 < t \leqslant 15$	$15 < t \leqslant 20$
η (%)	3.0	2.5	2.0	1.5
（b）GMWB 合约的价值			
	Static	Mix	Dynamic
Fee (bp)	25	28	73

第三章　仅含有 GMWB 条款的变额年金定价 | 71

图 3.4 为给定提取策略模型、可提前终止合约模型和优化提取策略模型下，GMWB 合约初始价值 V^0 随保费 α 的变化。本实验中罚金为 $\eta=2\%$。当保费较小时，给定提取策略模型和可提前终止合约模型定价结果几乎相同，这意味着此时投保者不选择提前终止合约。当保费较高时，可提前终止合约模型和优化提取策略模型下，GMWB 合约初始价值随保费增加而缓慢减少，这意味着投保者很有可能提前终止合约。

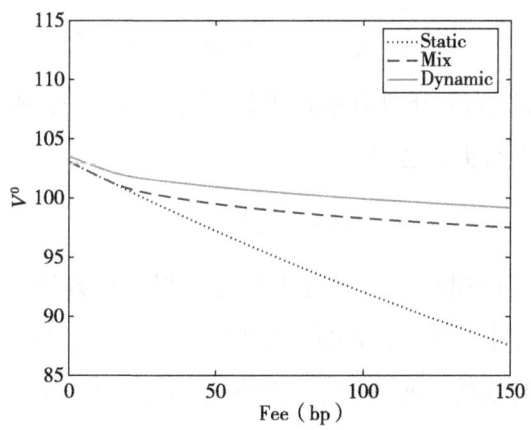

图 3.4　在 Merton 跳扩散模型下，给定提取策略、可提前终止合约和优化提取策略下 GMWB 合约初始价值 V^0 随保费 α 的变化

参数为：$T=20$，$r=5\%$，$\sigma_s=0.1114$，$\alpha_J=-0.1825$，$\sigma_J=0.1094$，$\lambda=0.5282$，$\eta=2\%$

第四节　对冲效果分析

风险对冲是指通过投资或购买与标的资产收益波动负相关的某种资产或衍生证券，来冲销标的资产潜在损失的一种策略，是控制金融风险的重要方法。在进行风险对冲时经常用到希腊字母，包括 Delta、Gamma、Vega、Theta 和 Rho。希腊字母一般是某些变量变化对另外一些变

量变化的比率，反映了一些变量对另外一些变量的相对变化。根据这些参数的变化适时调整头寸，可在一定程度上达到风险对冲的目的。

柳树法可以用于对变额年金进行对冲和风险管理。假设市场是完备的，本节主要根据希腊字母 Delta 在 Merton 跳扩散模型下做 Δ 对冲，分析不同跳扩散模型参数下 Δ 对冲效果。Δ 对冲投资组合由标的基金和银行账户的长头寸以及 GMWB 合约的短头寸组成，投资组合价值 $\Pi(t)$ 为

$$\Pi(t) = \Delta_S(t)S(t) + \Delta_B(t)B(t) - V(t) \qquad (3.67)$$

式中，$\Delta_S(t)$ 和 $\Delta_B(t)$ 分别为标的基金和银行账户的持有头寸，在提款日 t_n，GMWB 合约头寸 Δ 为

$$\Delta_S(t_n) = \frac{W(t_n)}{S(t_n)} \frac{\partial V}{\partial W} \qquad (3.68)$$

$\Delta_S(t_n)$ 可以运用柳树法，通过有限差分求得。在数值实验中，只考虑在提款日进行对冲。图 3.5 和图 3.6 为在 Merton 跳扩散模型下，在不同跳跃强度 λ 和跳跃波动率 σ_J 时，含有 Δ 对冲（Delta-hedging）和不含对冲（No-hedging）的损益直方图。本实验中，蒙特卡罗模拟次数为 1000 次。

图 3.5 为不同跳跃强度 λ 下 Δ 对冲效果。当跳跃强度比较小时，例如 $\lambda = 0.5282$、1 或 2 时，对冲效果较好，相对损益集中在 0 附近，可以减少投资风险。当跳跃强度增大到 $\lambda = 5$ 时，相对损益的分布集中在 -0.3% 附近。由此说明，当跳跃强度较大时，Δ 对冲效果不够好，可能还需要其他衍生品（如对应标的资产的期权）加入来提高对冲的效果。图 3.6 为不同跳跃波动率 σ_J 下 Δ 对冲效果。随着 σ_J 增加，Δ 对冲效果减小的不如 λ 明显。换句话说，相比于跳跃强度，σ_J 对 Δ 对冲效果的影响相对较小。

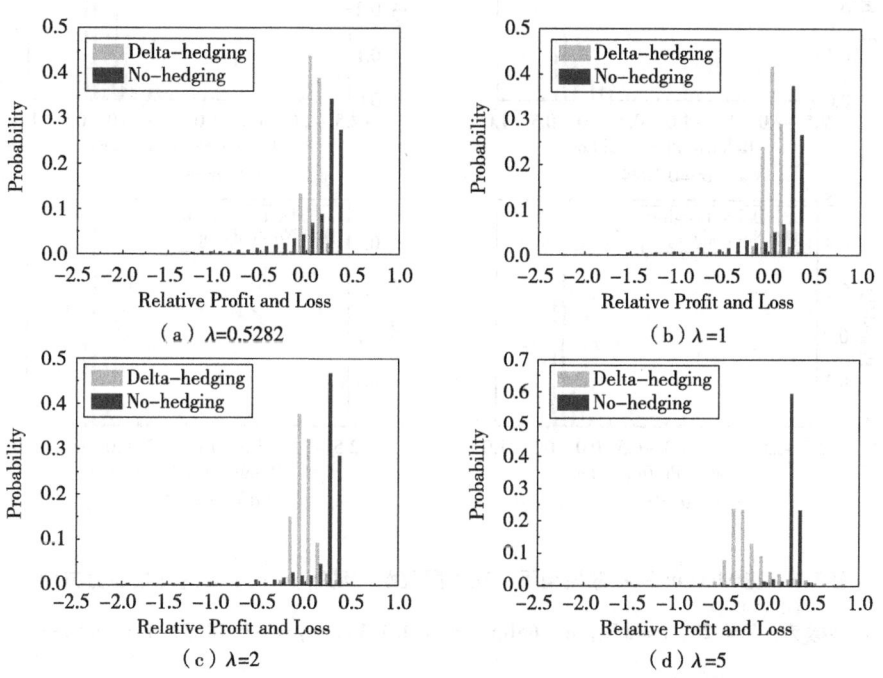

图 3.5　在 Merton 跳扩散模型下，在不同跳跃强度 λ 时，Δ 对冲损益直方图
参数为：$T=20$，$r=3\%$，$\alpha=68\text{bp}$，$\sigma=0.1114$，$\alpha_J=-0.1825$，$\sigma_J=0.1094$

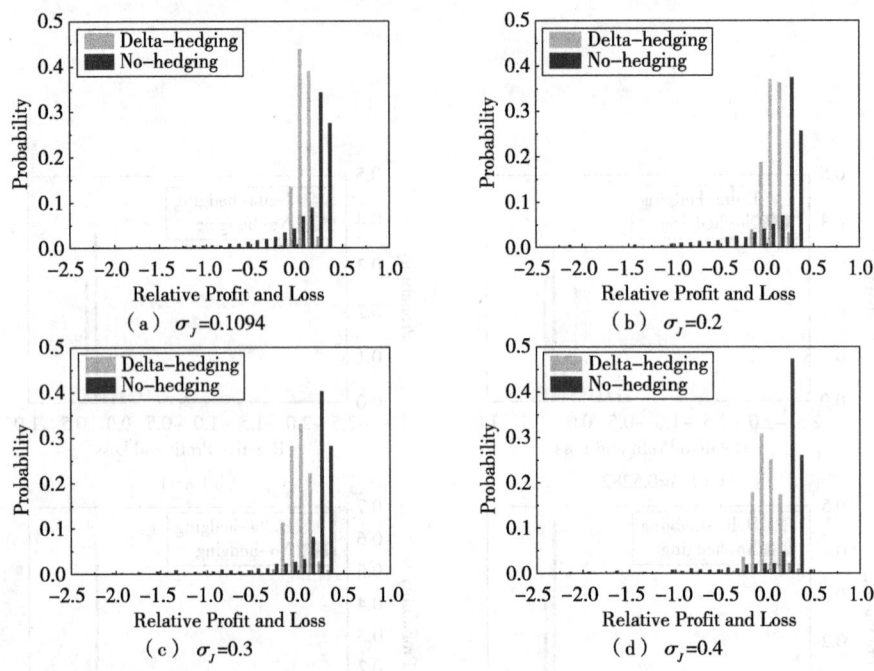

图 3.6 在 Merton 跳扩散模型下，在不同跳跃波动率 σ_J 时，Δ 对冲损益直方图

参数为：$T = 20$，$r = 3\%$，$\alpha = 68\text{bp}$，$\sigma = 0.1114$，$\alpha_J = -0.1825$，$\lambda = 0.5282$

第五节 本章小结

含有 GMWB 的变额年金合约具有比较复杂的结构特点，包括最优化提取策略、保证账户更新方式、提前终止条款和死亡风险等。本章提出了柳树法定价 GMWB 的数值方法，在几何布朗运动、CEV 模型和 Merton 跳扩散模型下，考虑给定提取策略、可提前终止合约条款和优化提取策略以及死亡风险。与传统的网格定价方法、有限差分方法相比，柳树法更有效地将节点的值适应于不同的标的资产价格模型。柳树构建

过程与定价过程相互独立，包括处理优化提取策略模型下定价、提前终止条款和账户价值更新等，因此也很容易将风险资产价格模型推广到其他一般的随机模型。本章提出了一个有效的优化算法计算最优提取策略，运用数值实验，与其他方法进行对比，包括二叉树/三叉树方法、有限差分方法、数值积分方法、傅里叶变换方法等，说明了柳树法定价 GMWB 数值结果的有效性，并减少了计算时间，提高了计算效率。同时，对模型参数做了敏感性分析，并在 Merton 跳扩散模型下，对不同的跳跃强度和波动率情况做了 Δ 对冲效果分析。

第四章
含有多种最低利益保证的
变额年金定价

变额年金（VA）是一种与投资账户关联的保险合约。投保者可以共享投资账户的市场收益，并且能规避市场下跌的风险。其最低利益保证以及递延纳税等特点，吸引了许多投资者。常见的最低利益保证包括最低死亡利益保证（GMDB）、最低提取利益保证（GMWB）、最低累积利益保证（GMAB）和最低收入利益保证（GMIB）。本章在一般的随机模型下，对包含GMDB、GMWB、GMAB和GMIB多种最低利益保证的变额年金进行定价。本章基于变额年金定价公式（2.9），研究柳树法计算格式。

第一节 柳树法定价变额年金

假设风险资产的价格服从一个一般的随机过程，那么风险资产价格柳树的构建过程已经在第三章第一节进行了介绍，本章在其基础上对变额年金进行定价。我们已经得到了柳树上每个节点的风险资产价格以及对应的概率 $\{(S_i^n, q_i^n) | i = 1, \cdots, m\}$。接下来，在此基础上对变额年金进

行定价。

变额年金合约中各个变量的演变过程比较复杂,具有很强的路径依赖性。变额年金的价值依赖于账户价值和多种利益保证金,其定价问题是一个高维的问题。在整个合约的期限内,最低到期利益保证金可能随着时间而变化,故令 G_A^n 和 G_I^n 代表到期日最低累积利益保证和最低收入利益保证在 t_n 时刻的值。同样,令 G_W^n 代表最低提取利益保证金,G_E^n 代表每个提款日合约规定的提取金额。下面在柳树法框架下对账户价值进行估计,然后在此基础上计算不同条款的最低利益保证金,这样可将此高维问题降维处理,然后基于公式(2.9)对变额年金进行定价。

首先介绍变额年金中的账户价值变化。后文的推导都是在提款日 t_n, $n=1,\cdots,N$ 进行,为了简化符号,在后文中用上标或者下标 n 代替 t_n,例如 $S^n \equiv S(t_n)$,$C_n = C_{t_n}$。t_{n-1} 到 t_n 时刻,若风险资产价格从 S^{n-1} 变为 S^n,给定保费 α 以及提取策略 $\xi = \{\xi_n\}$,在 t_n 时刻投资账户 W^n 的价值变化如下:

$$W^{n-} = W^{(n-1)+} \frac{S^n}{S^{n-1}} e^{-\alpha \Delta t} \tag{4.1}$$

$$W^{n+} = \max\{W^{n-} - \xi_n, 0\} \tag{4.2}$$

当风险资产价格从 S^0 变到 S^n ($n>0$) 时,将平均收益 $y \equiv \sqrt[n]{S^n/S^0} = \sqrt[n]{S^n}$ 视为相邻两个提款日的收益(假设 $S^0 = 1$)。给定提款策略 $\{\xi_n\}$,公式(4.1)中的投资账户价值可以根据定理4.1计算。

定理4.1 给定提款策略 $\xi = \{\xi_n\}$,保费 α 和初始投资 W^0。当风险资产价格从 S^0(假设 $S^0 = 1$)变到 S^n,两个相邻的提款日 Δt 时间内的平均收益 $y \equiv \sqrt[n]{S^n/S^0} = \sqrt[n]{S^n}$。在 t_n 时刻投资账户价值为

$$\begin{aligned} W^{n-} &= \max\left\{W^0 S^n e^{-n\alpha\Delta t} - W^0 \sum_{k=1}^{n-1} \xi_k (ye^{-\alpha\Delta t})^{n-k}, 0\right\} \\ W^{n+} &= \max\left\{W^0 S^n e^{-n\alpha\Delta t} - W^0 \sum_{k=1}^{n} \xi_k (ye^{-\alpha\Delta t})^{n-k}, 0\right\} \end{aligned} \quad (4.3)$$

式中，$y = \sqrt[n]{S^n}$。

证明：下面运用数学归纳法证明。当 $t = t_1$ 时，Δt 时间内的平均收益 $y = S^1$，

$$\begin{aligned} W^{1-} &= W^0 y e^{-\alpha\Delta t} \\ W^{1+} &= \max\{W^{1-} - \xi_1, 0\} = \max\{W^0 y e^{-\alpha\Delta t} - \xi_1, 0\} \end{aligned} \quad (4.4)$$

假设当 $t = t_{n-1}$ 时，

$$\begin{aligned} W^{(n-1)-} &= \max\left\{W^0 S^{n-1} e^{-(n-1)\alpha\Delta t} - W^0 \sum_{k=1}^{n-2} \xi_k (ye^{-\alpha\Delta t})^{n-k-1}, 0\right\} \\ W^{(n-1)+} &= \max\{W^{(n-1)-} - \xi_{n-1}, 0\} = \max\left\{W^0 S^{n-1} e^{-(n-1)\alpha\Delta t} - W^0 \sum_{k=1}^{n-1} \xi_k (ye^{-\alpha\Delta t})^{n-k-1}, 0\right\} \end{aligned} \quad (4.5)$$

成立，则当 $t = t_n$ 时，Δt 时间内的平均收益 $y = \sqrt[n]{S^n}$，

$$\begin{aligned} W^{n-} &= \max\left\{W^0 S^n e^{-n\alpha\Delta t} - W^0 \sum_{k=1}^{n-1} \xi_k (ye^{-\alpha\Delta t})^{n-k}, 0\right\} \\ W^{n+} &= \max\{W^{n-} - \xi_n, 0\} = \max\left\{W^0 S^n e^{-n\alpha\Delta t} - W^0 \sum_{k=1}^{n} \xi_k (ye^{-\alpha\Delta t})^{n-k}, 0\right\} \end{aligned} \quad (4.6)$$

定理 4.1 将账户价值 W^n 的路径依赖性进行了简化，可以根据 t_n 时刻风险资产价格估计出对应的投资账户价值。对于任意一条资产价格的路径从 S^0 到 $S_i^n(n>0)$，若将平均收益 $y \equiv \sqrt[n]{S_i^n/S^0} = \sqrt[n]{S_i^n}$ 视为相邻两个提款日的收益，投资账户价值 W_i^n 从 S^0 到 S_i^n ($n>0$) 可以估计为

$$W_i^{n-} = \max\left\{W^0 S_i^n e^{-n\alpha\Delta t} - W^0 \sum_{k=1}^{n-1} \xi_k (ye^{-\alpha\Delta t})^{n-k}, 0\right\} \quad (4.7)$$

对于任意的 $n > 0$，投资账户价值 W_i^{n+} 为

$$W_i^{n+} = \max\{W_i^{n-} - \xi_n, 0\} = \max\left\{W^0 S_i^n e^{-n\alpha\Delta t} - W^0 \sum_{k=1}^{n} \xi_k (ye^{-\alpha\Delta t})^{n-k}, 0\right\} \quad (4.8)$$

因此，给定提取策略 $\xi = \{\xi_n\}$，对于任意一个风险资产价格 S_i^n，可以

得到投资账户价值 W_i^{n-} 和 W_i^{n+}。若给定提取策略 $\xi = \{\xi_n\}$，风险资产价格 $\{S_i^n\}$ 以及投资账户价值 $\{W_i^n\}$，对于含有 GMDB、GMWB 和 GMAB（或 GMIB）型变额年金，定价公式（2.9）中的各个到期收益随时间而变化的计算方法如下。

1. 在初始时刻 $t = 0$，死亡收益和累积提取收益为零，即 $D_0^+ = 0$，$C_0^+ = 0$。如果合约含有相应的最低利益保证，则 $G_{D/W/A/I}^{0+} = W^0$，$G_E^{0+} = X_w G_W^0$。反之，对应的最低利益保证为零。

2. 若投保者在 $(t_{n-1}, t_n]$ 时间内存活，t_n 时刻投保者从账户中提取 ξ_n，累积提取收益 C_n 更新为

$$C_n^- = C_{n-1}^+ e^{r\Delta t} \quad (4.9)$$

$$C_n^+ = \begin{cases} C_n^- + \xi_n, & \xi_n \le E^n \\ C_n^- + E^n + (1-\eta)(\xi_n - E^n), & \xi_n > E^n \end{cases} \quad (4.10)$$

式中，E^n 是合约约定每次提取的收益值，即 $E^n = \min\{G_W^{n-}, G_E^{n-}\}$。

3. 如果投保者在 $(t_{n-1}, t_n]$ 内死亡，根据公式（2.9）可知，需要计算 $L_T(W(t_n), t_n; \xi)$、$D_T(W(t_n), t_n; \xi)$ 和 $C_T(t_n; \xi)$ 的值。此时可以根据公式（4.7）、公式（4.8）计算投资账户价值 W_i^{n-}。在 t_n 时刻，当风险资产价格为 S_i^n 时，会得到的收益为 $\max\{G_D^{n,i-}, W_i^{n-}\}$。所以，$D_T^i(W_i^{n-}, t_n; \xi)$ 为

$$D_T^i(W_i^{n-}, t_n; \xi) = e^{r(N-n)\Delta t} \max\{G_D^{n,i-}, W_i^{n-}\} \quad (4.11)$$

其中，$G_D^{n,i-}$ 的计算方法会在后文进行介绍。累积提取收益按照无风险利率累积到 T 时刻的价值 $C_T(t_n; \xi)$ 为

$$C_T(t_n; \xi) = C_{n-1}^+ e^{r(N-n+1)\Delta t} \quad (4.12)$$

式中，C_{n-1}^+ 为 t_{n-1}^+ 时刻的累积提取收益。至此，我们得到了投保者在 t_n 时刻死亡的情况下，$D_T(W(t_n), t_n; \xi)$ 和 $C_T(t_n; \xi)$ 的计算方法。

4. 在合约到期日 T，如果投保者仍然存活，累积提取收益为

$$C_T(T+1;\boldsymbol{\xi}) = C_N^+ \qquad (4.13)$$

此时，GMAB 和 GMIB 生效，到期收益 $L_T^i(W_i^{N-},T+1;\boldsymbol{\xi})$ 为

$$L_T^i(W_i^{N-},T+1;\boldsymbol{\xi}) = L_T^{A+} \text{ 或 } L_T^{I+} \qquad (4.14)$$

式中

$$L_T^{A+} = \max\{W_i^{N+}, G_A^{N,i+}\} \qquad (4.15)$$

$$L_T^{I+} = \max\{W_i^{N+}, G_I^{N,i+} \cdot \tilde{g} \cdot \tilde{a}_T\} \qquad (4.16)$$

式中，$\tilde{a}_T$ 为一个每年支付一元到期日为 T 的固定年金的市场价格，$\tilde{g}$ 为变额年金初始时刻指定的年金转换因子。如果变额年金合约既不含有 GMAB 也不含有 GMIB，则 $L_T^i(W_i^{N-},T+1;\boldsymbol{\xi})=0$。

下面分别介绍最低利益保证 $G_{D/A/I}^{n,i}$ 和 $G_{W/E}^n$ 的计算方法。

1. 最低利益保证 $G_{D/A/I}^{n,i}$ 的计算方法

（1）返回初值（Return of premium）型。如果 GMDB/GMAB/GMIB 是返回初值（Return of premium）型，我们有 $G_{D/A/I}^{n-} = G_{D/A/I}^{(n-1)+}$，$G_{D/A/I}^{n+} = G_{D/A/I}^{n-} \cdot \frac{W^{n+}}{W^{n-}}$。

定理4.2 当风险资产价格从 t_0 时刻 S^0 变到 t_n 时刻 S^n，返回初值型最低死亡利益保证金 G_n^D 为

$$G_n^{D-} = G_{n-1}^{D+} = \frac{W^{n-}}{e^{-n\alpha\Delta t}S^n}, \quad G_n^{D+} = G_n^{D-}\frac{W^{n+}}{W^{n-}} = \frac{W^{n+}}{e^{-n\alpha\Delta t}S^n} \qquad (4.17)$$

证明：下面运用数学归纳法进行证明。假设风险资产的价格路径为 $S^0, S^1, S^2, \cdots, S^n$。在 t_0 时刻，$G_D^{0+} = W^0$。在 t_{n-1} 时刻，若

$$G_D^{(n-1)-} = \frac{W^{(n-1)-}}{e^{-(n-1)\alpha\Delta t}S^{n-1}} \qquad (4.18)$$

成立，则在 t_n 时刻，

$$G_D^{n-} = G_D^{(n-1)+} = \frac{W^{(n-1)+}}{e^{-(n-1)\alpha\Delta t}S^{n-1}} = \frac{W^{n-}\frac{S^{n-1}}{S^n}e^{\alpha\Delta t}}{e^{-(n-1)\alpha\Delta t}S^{n-1}} = \frac{W^{n-}}{e^{-n\alpha\Delta t}S^n} \qquad (4.19)$$

第四章　含有多种最低利益保证的变额年金定价

$$G_D^{n+} = G_D^{n-} \frac{W^{n+}}{W^{n-}} = \frac{W^{n+}}{e^{-n\alpha\Delta t}S^n} \tag{4.20}$$

因此，对于任意的风险资产价格路径从 S^0 到 S_i^n，可以得出：

$$\begin{aligned} G_D^{n,i-} &= \frac{W_i^{n-}}{e^{-n\alpha\Delta t}S_i^n} \\ G_D^{n,i+} &= \frac{W_i^{n+}}{e^{-n\alpha\Delta t}S_i^n} \end{aligned} \tag{4.21}$$

因此，对于任意的风险资产价格路径从 S^0 到 S_i^n，可以得到 $G_{D/A/I}^{n,i}$ 的表达式为

$$\begin{aligned} G_{D/A/I}^{n,i-} &= \frac{W_i^{n-}}{e^{-n\alpha\Delta t}S_i^n} \\ G_{D/A/I}^{n,i+} &= \frac{W_i^{n+}}{e^{-n\alpha\Delta t}S_i^n} \end{aligned} \tag{4.22}$$

（2）Roll-up 型。如果 GMDB/GMAB/GMIB 是 Roll-up 型，在第一次提现之前，最低利益保证变化为 $G_{D/A/I}^{n-} = G_{D/A/I}^{(n-1)+}(1+i_r)$，$G_{D/A/I}^{n+} = G_{D/A/I}^{n-} \cdot \frac{W^{n+}}{W^{n-}}$，其中，$i_r$ 是每年的 Roll-up 比率。类似可得 $G_{D/A/I}^{n,i}$ 的表达式为

$$G_{D/A/I}^{n,i-} = \frac{W_i^{n-}(1+i_r)^{\tilde{n}}}{e^{-n\alpha\Delta t}S_i^n}, \quad G_{D/A/I}^{n,i+} = \frac{W_i^{n+}(1+i_r)^{\tilde{n}}}{e^{-n\alpha\Delta t}S_i^n} \tag{4.23}$$

其中

$$\tilde{n} = \begin{cases} n, & \text{如果在 } t_n \text{ 之前没有取款} \\ n_1 - 1, & \text{如果 } t_{n_1} \text{ 时刻第一次取款} \end{cases}$$

（3）Ratchet 型。对于 Ratchet 型 GMDB/GMAB/GMIB，在 t_n 时刻，GMDB、GMAB 和 GMIB 最低利益保证金更新为 $G_{D/A/I}^{n-} = G_{D/A/I}^{(n-1)+}$，$G_{D/A/I}^{n+} = \max\left\{G_{D/A/I}^{n-} \cdot \frac{W^{n+}}{W^{n-}}, W^{n+}\right\}$。下面以 Ratchet 型 GMDB 为例，介绍 G_D^n 的变化。

当 $n=1$ 时，

$$G_D^{1,i-} = G_D^{0+} = W^0 \tag{4.24}$$

当 $n>1$ 时，最低死亡利益保证估计为

$$G_D^{n,i-} = \sum_{j=1}^m p_{ji}^{n-1} G_D^{n-1,j+} \qquad (4.25)$$

式中，p_{ji}^{n-1} 是样本点 S_j^{n-1} 到 S_i^n 的转移概率，即条件概率 $P(S_i^n | S_j^{n-1})$。

对于任意的 $n \geq 1$，有

$$G_D^{n,i+} = \max\left\{ G_D^{n,i-} \cdot \frac{W_i^{n+}}{W_i^{n-}}, W_i^{n-} \right\} \qquad (4.26)$$

同理，我们可以用同样的方法估计 $G_{A/I}^{n,i}$ 的值。

2. 最低利益保证 $G_{W/E}^n$ 的计算方法

在 t_n 时刻，最低提取利益保证金 $G_{W/E}^n$ 更新为

$$G_{W/E}^{n-} = G_{W/E}^{(n-1)+} \qquad (4.27)$$

$$G_W^{n+} = \begin{cases} G_W^{n-} - \xi_n, & \xi_n \leq E^n \\ \min\left\{ G_W^{n-} - \xi_n, G_W^{n-} \cdot \frac{W^{n+}}{W^{n-}} \right\}, & \xi_n > E^n \end{cases} \qquad (4.28)$$

$$G_E^{n+} = G_E^{n-} \cdot \frac{G_W^{n+}}{G_W^{n-}} \qquad (4.29)$$

当投保者提取的金额超过 E^n（即 $\xi_n > E^n$），最低提取保证金更新为 pro-rata 调整和 dollar method 调整的最小值。本章我们主要考虑 dollar method 调整，即 $G_W^{n+} = G_W^{n-} - \xi_n$ 的更新方式。

基于以上风险资产价格柳树的构建，以及变额年金定价公式中各个变量的计算，若给定提取策略 $\xi = \{\xi_n\}$ 和保费 α，公式（2.9）中变额年金合约的初始价值可表示为

$$\begin{aligned} V^0 = &\sum_{n=1}^N {}_{t_{n-1}}\tilde{P}_x \cdot {}_{\Delta t}\tilde{Q}_{x+t_{n-1}} \sum_{i=1}^m q_i^n e^{-rT} \left[C_T(t_n) + D_T^i(W_i^{N-}, t_n) \right] \\ &+ {}_T\tilde{P}_x \sum_{i=1}^m q_i^N e^{-rT} \left[L_T^i(W_i^{N-}, T+1) + C_T(T+1) \right] \end{aligned} \qquad (4.30)$$

式中，q_i^n 为 t_n 时刻柳树上每个节点 S_i^n 出现的概率。在 t_1 时刻，q_i^1 为从 S^0 到 S_i^1 的转移概率，记 $\boldsymbol{q}^1 = [q_1^1, q_2^1, \cdots, q_m^1]$。在 t_n 时刻，q_i^n 为柳树上每个节点 S_i^n 出现的概率，可以根据转移概率求得，表示为

$$\boldsymbol{q}^n = [q_1^n, q_2^n, \cdots, q_m^n] = \boldsymbol{q}^{n-1} \cdot [p_{ij}^{n-1}] \qquad (4.31)$$

第四章　含有多种最低利益保证的变额年金定价

柳树法可以对定价公式（2.9）中的期望通过定价公式（4.30）中求和方式进行简单的估计。可以看出，柳树法可以很容易地解决合约中较强的路径依赖性问题，简化了账户价值以及多种利益保证金的计算，从而降低了计算维度，节省了计算时间。若要对保费进行定价，由于 V^0 随着保费 α 单调递减，故可以运用一般的零点求解方法（如二分法），令 $V^0 = W^0$，求解保费 α。

第二节　变额年金定价数值结果与敏感性分析

本章在多种随机模型下对变额年金进行定价，将本书提出的数值方法与现有的蒙特卡罗方法进行对比。假设投保者为40岁男性［生存概率和死亡率采用1994 Group Annuitant Mortality（GAM）和1994 Mortality Improvement Projection Scale，来源：Society of Actuaries Group.］，投资账户的初始价值为 $W^0 = 100$，风险资产初始价格 $S^0 = 1$。除非特别说明，我们考虑含有 GMDB、GMWB 和 GMAB 的合约（GMIB 的定价与 GMAB 类似，这里以 GMAB 为例），保费 $\alpha = 50$bp，投保者的提款策略为每年从账户中提取合约约定的金额，即 $\{\xi_n = E^m\}$，最低利益保证为返回初值型。在数值结果中，WT 为柳树法的结果，MC 为蒙特卡罗方法的定价结果，［MC_99_下界，MC_99_上界］代表蒙特卡罗方法的99%置信区间，蒙特卡罗模拟 10^4 次。所有数值实验在操作系统为 Windows 10 的计算机上运行，内存 8GB，处理器为 Intel（R）Core（TM）i7 - 5600U CPU@2.60GHz，软件版本为 MATLAB R2017b。

一、几何布朗运动模型

假设风险资产价格服从几何布朗运动，比较本书方法与蒙特卡罗方法的结果。图 4.1 为几何布朗运动下,到期日 $T=20$ 和 25 时,合约初始价值 V^0 随波动率 σ 和保费 α 的变化趋势。波动率越大,合约的价值越大。保费越高,合约价值越低。从图中可以看出,柳树法计算的结果落在蒙特卡罗法 99%的置信区间内,由此说明了柳树法具有较高的精度。

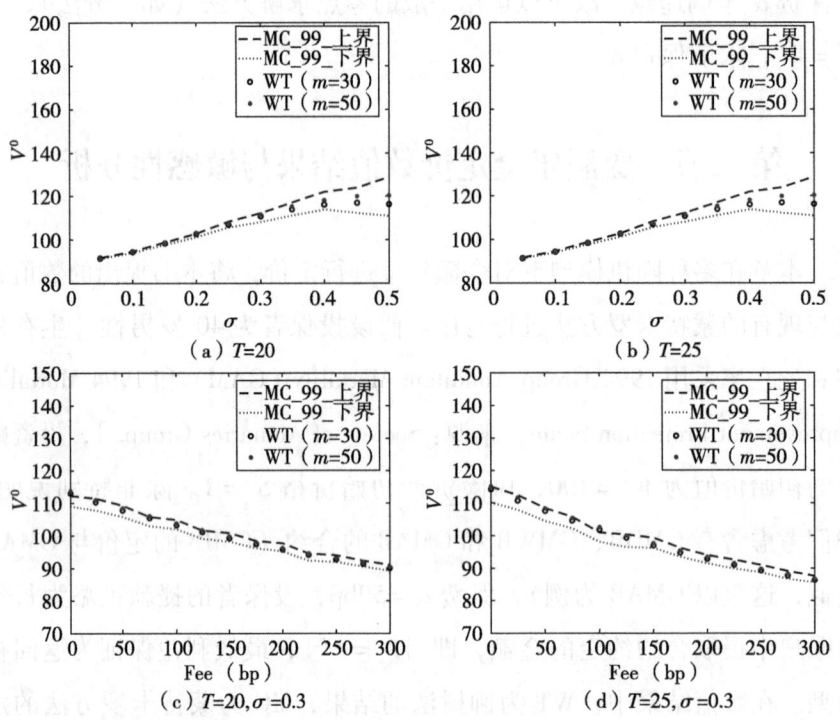

图 4.1 几何布朗运动下,变额年金初始价值 V^0 与波动率 σ、保费 α 的关系

二、CEV 模型

假设风险资产价格服从 CEV 模型,图 4.2 为合约初始价值 V^0 随 CEV 模型参数 β、波动率 σ 和保费 α 的变化趋势。CEV 模型参数 β 对变额年金合约的初始价值 V^0 影响比较小。σ 越大,合约初始价值 V^0 越

大。保费越高，合约价值越低。同样，柳树法计算的结果落在蒙特卡罗法 99% 的置信区间内。

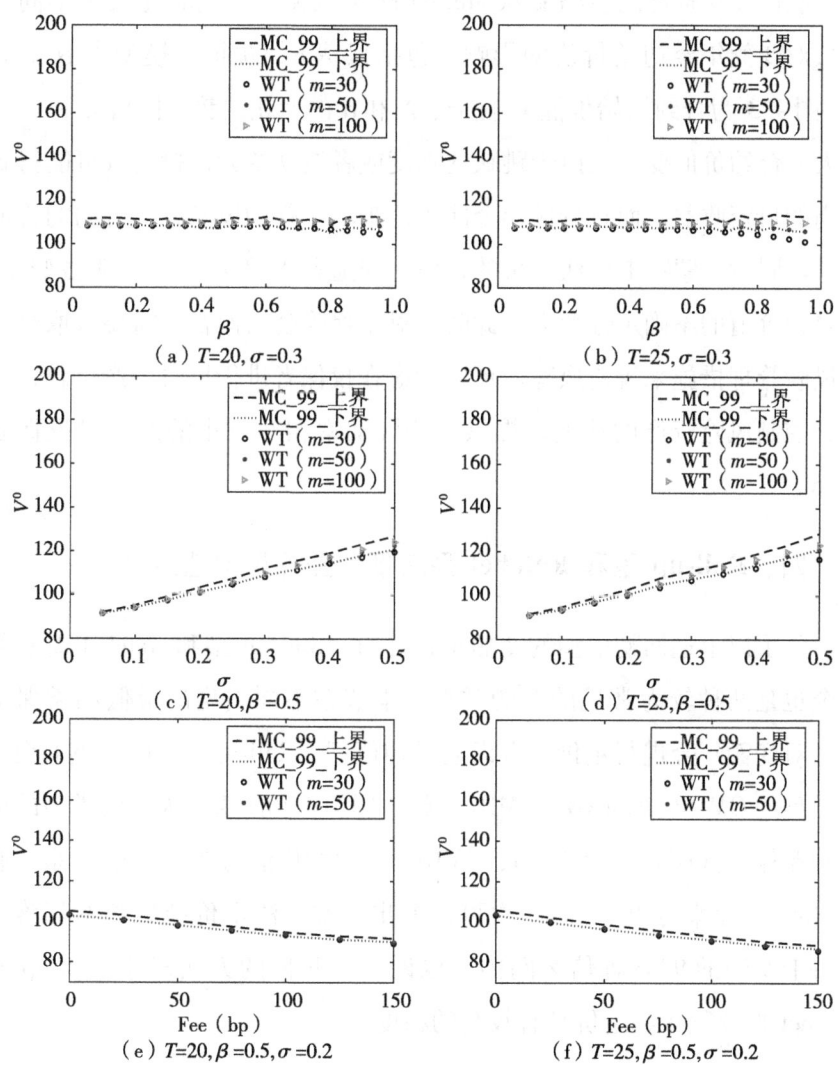

图 4.2 在 CEV 模型下，变额年金初始价格 V^0 与模型参数 β、波动率 σ 和保费 α 的关系

三、Merton 跳扩散模型

假设风险资产的价格服从 Merton 跳扩散模型。实验比较了不同的参数对变额年金初始价值的影响，包括保费 α、跳扩散模型参数 λ 和 σ。图 4.3 为合约初始价值 V^0 随 σ、λ 和 α 的变化趋势。随着 λ 和 σ 的增大，合约价值变大。由于跳跃的强度或者波动变大，投资者可能得到更高的投资收益，而且变额年金能规避市场下跌的风险，故合约的价值变大。同时，蒙特卡罗法定价的置信区间随着 λ 和 σ 的增大明显变宽，即合约价值的不确定性变大。此时，对于保险公司而言，需要采取合适的风险管理措施来规避风险。可以考虑在投保者进行风险资产组合选取时，控制风险资产的比例，提供一些波动率相对较小的产品供投保者选择。

四、Roll-up 型和 Ratchet 型最低利益保证数值结果

除了以上返回初值型的变额年金合约，Roll-up 型和 Ratchet 型变额年金也是两种较为常见的合约类型。本节在不同类型的最低利益保证下，对变额年金进行定价。考虑返回初值型、Roll-up 型和 Ratchet 型三种类型的 GMDB、GMAB、GMIB 合约。图 4.4 和图 4.5 为不同类型的最低利益保证（GMDB、GMAB、GMIB）的初始价值与保费 α 的关系。假设 Roll-up 比率为 2%。从图中可以看出，柳树法定价结果基本都落在蒙特卡罗法的 99% 置信区间内，也说明了我们的方法对于 Roll-up 和 Ratchet 型变额年金定价具有较高的精度。

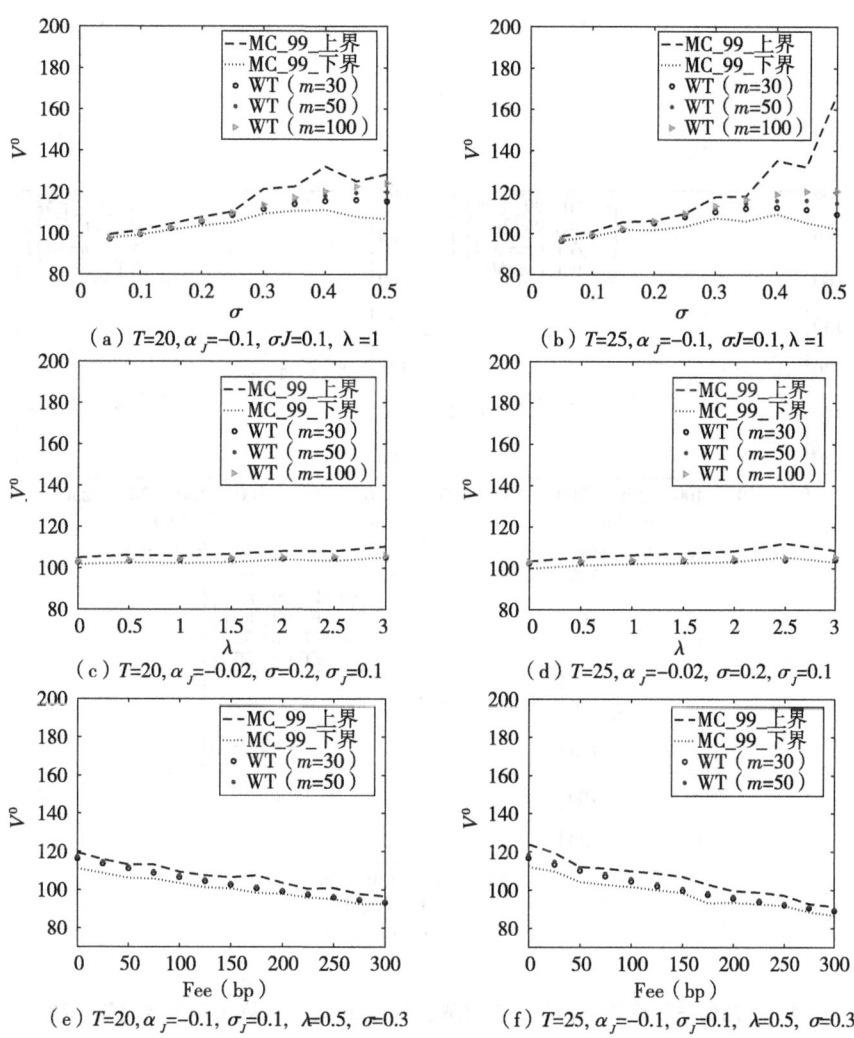

图 4.3 在 Merton 跳扩散模型下，变额年金初始价格 V^0 与 σ、强度 λ 和保费 α 的关系

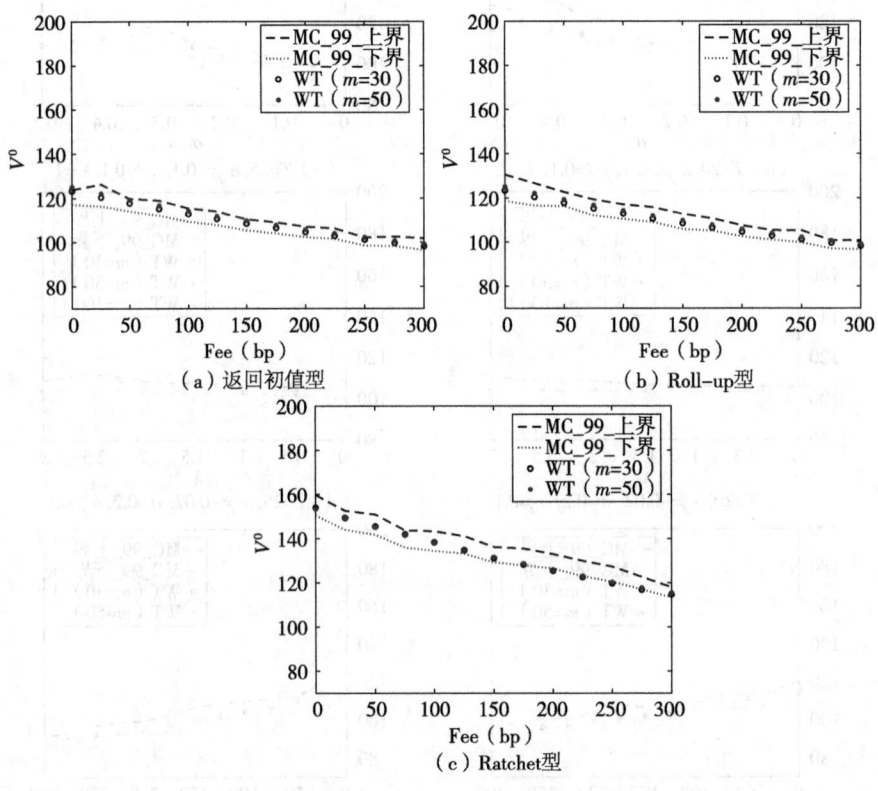

图 4.4　几何布朗运动下,返回初值型、Roll-up 型（从第 6 年开始提款）和 Ratchet 型变额年金初始价格 V^0 随保费 α 的变化

参数为：$T=20$，$\sigma=0.4$，$r=2\%$，$i_r=2\%$

大。保费越高，合约价值越低。同样，柳树法计算的结果落在蒙特卡罗法99%的置信区间内。

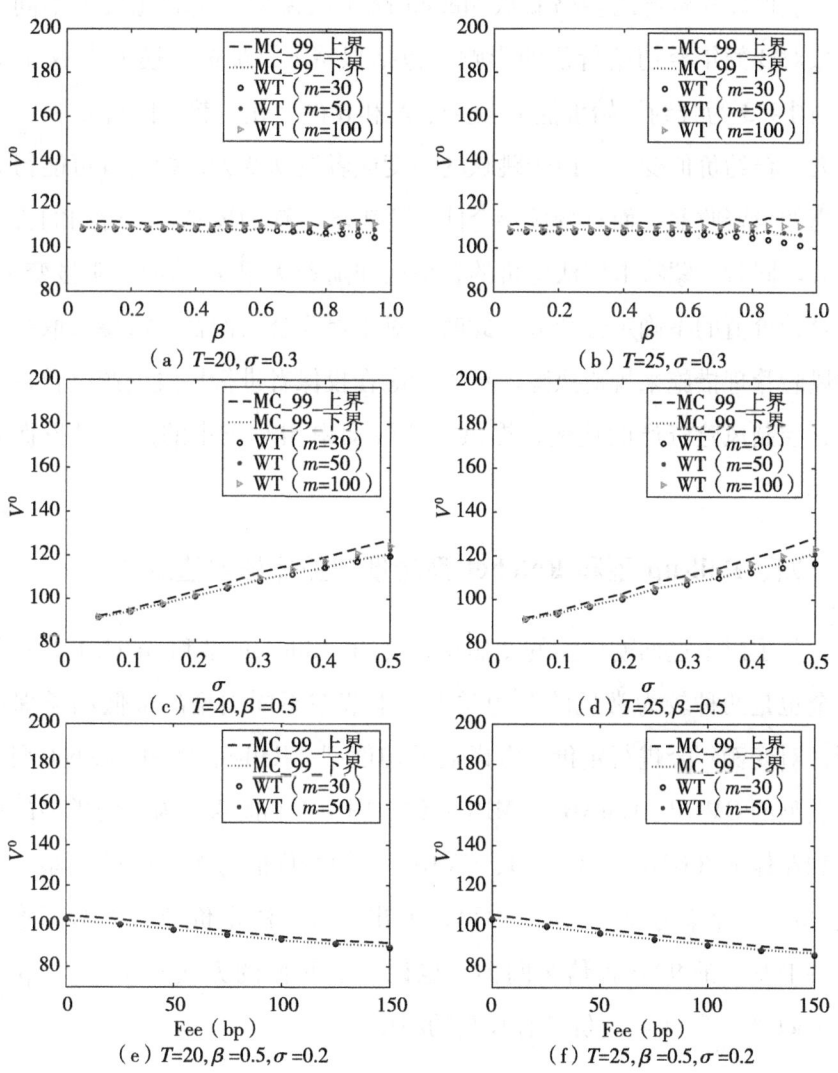

图 4.2 在 CEV 模型下，变额年金初始价格 V^0 与模型参数 β、波动率 σ 和保费 α 的关系

三、Merton 跳扩散模型

假设风险资产的价格服从 Merton 跳扩散模型。实验比较了不同的参数对变额年金初始价值的影响，包括保费 α、跳扩散模型参数 λ 和 σ。图 4.3 为合约初始价值 V^0 随 σ、λ 和 α 的变化趋势。随着 λ 和 σ 的增大，合约价值变大。由于跳跃的强度或者波动变大，投资者可能得到更高的投资收益，而且变额年金能规避市场下跌的风险，故合约的价值变大。同时，蒙特卡罗法定价的置信区间随着 λ 和 σ 的增大明显变宽，即合约价值的不确定性变大。此时，对于保险公司而言，需要采取合适的风险管理措施来规避风险。可以考虑在投保者进行风险资产组合选取时，控制风险资产的比例，提供一些波动率相对较小的产品供投保者选择。

四、Roll-up 型和 Ratchet 型最低利益保证数值结果

除了以上返回初值型的变额年金合约，Roll-up 型和 Ratchet 型变额年金也是两种较为常见的合约类型。本节在不同类型的最低利益保证下，对变额年金进行定价。考虑返回初值型、Roll-up 型和 Ratchet 型三种类型的 GMDB、GMAB、GMIB 合约。图 4.4 和图 4.5 为不同类型的最低利益保证（GMDB、GMAB、GMIB）的初始价值与保费 α 的关系。假设 Roll-up 比率为 2%。从图中可以看出，柳树法定价结果基本都落在蒙特卡罗法的 99% 置信区间内，也说明了我们的方法对于 Roll-up 和 Ratchet 型变额年金定价具有较高的精度。

第四章 含有多种最低利益保证的变额年金定价

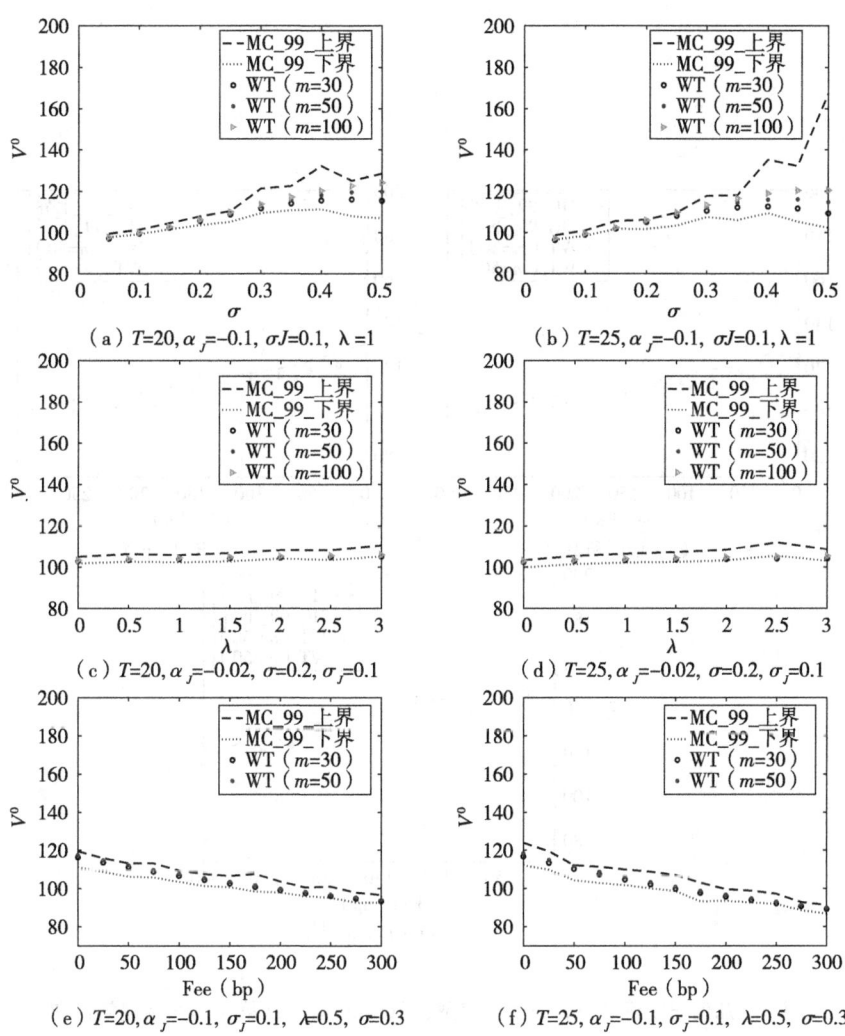

图 4.3 在 Merton 跳扩散模型下,变额年金初始价格 V^0 与 σ、强度 λ 和保费 α 的关系

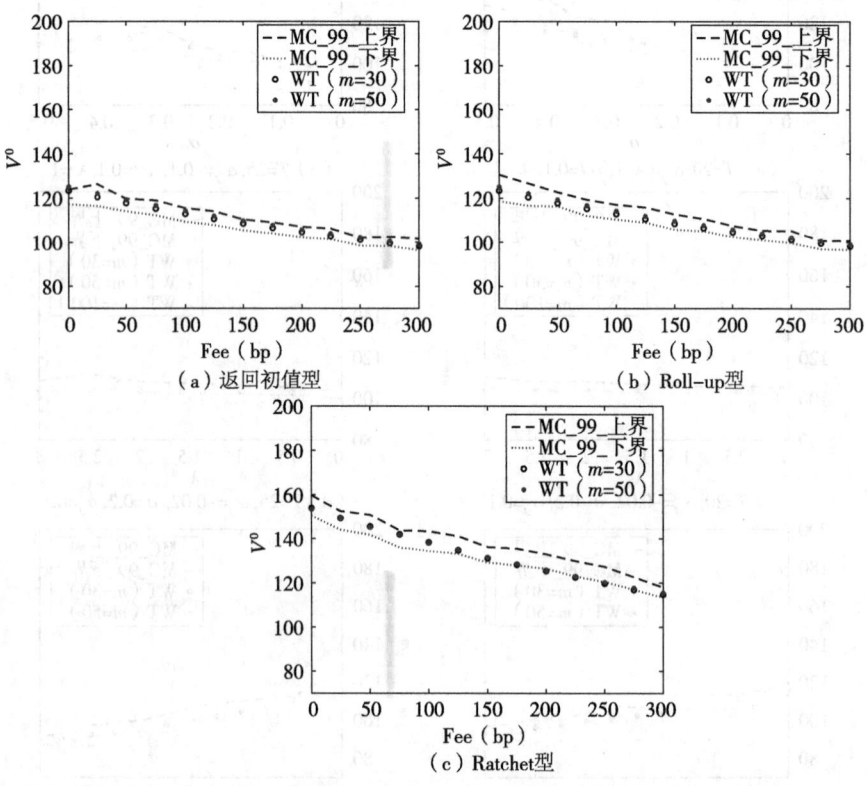

图 4.4　几何布朗运动下，返回初值型、Roll-up 型（从第 6 年开始提款）和 Ratchet 型变额年金初始价格 V^0 随保费 α 的变化

参数为：$T=20$，$\sigma=0.4$，$r=2\%$，$i_r=2\%$

第四章 含有多种最低利益保证的变额年金定价 | 89

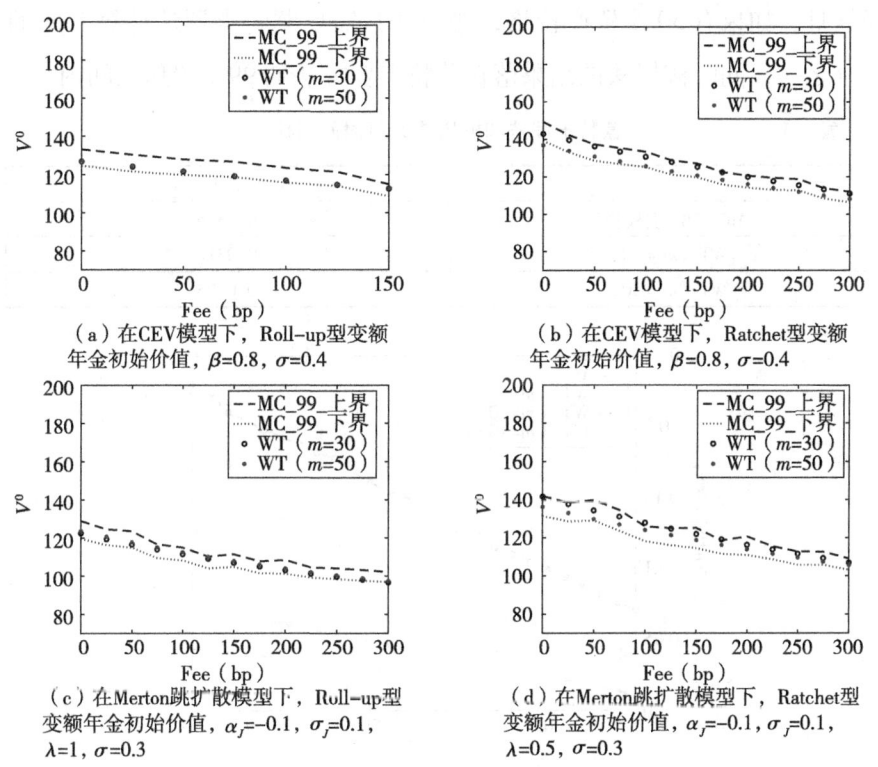

图 4.5 在 CEV 模型和 Merton 跳扩散模型下，Roll-up 型（从第 6 年开始提款）和 Ratchet 型变额年金初始价格 V^0 随保费 α 的变化的柳树法和蒙特卡罗法计算结果

参数为：$T=20$，$r=2\%$，$i_r=2\%$

计算时间对比

下面比较柳树法和蒙特卡罗方法定价所需的计算时间。表 4.1 为柳树法和蒙特卡罗方法计算一次 V^0 所需的计算时间，合约期限 $T=25$。从表中可以看出，柳树法的计算时间远远小于蒙特卡罗方法的计算时间。柳树法与蒙特卡罗方法有相当的计算精度，但是节约了计算时间。图 4.6 为在几何布朗运动下，柳树法和蒙特卡罗法定价所需时间随到期日 T 的变化。两种方法的计算复杂度都是随提款次数线性增长。在每个

提款日，如果有 50 个资产价格，柳树法只需要蒙特卡罗法计算时间的三分之一，同时柳树法的结果落在蒙特卡罗方法的 99% 置信区间内。

表 4.1　　蒙特卡罗法和柳树法计算时间对比

	计算时间（秒）
MC（10^4 次模拟）	0.9375
WT（$m=30$）	0.0312
WT（$m=50$）	0.0625

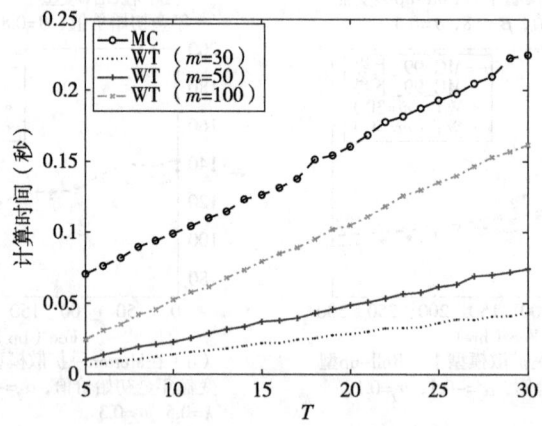

图 4.6　几何布朗运动下，柳树法和蒙特卡罗法定价所需时间随到期日 T 的变化

第三节　对冲效果分析

本节在柳树法定价变额年金的框架下计算 dollar delta，并做 Δ 对冲效果分析。

Dollar delta 度量合约价值相对于对冲资产的敏感程度，用于决定在每个提款日的对冲头寸。在提款日 t_n，给定账户价值 W_i^n 和标的资产价格 S_i^n，相应的 dollar delta 值 δ_i^n 为

$$\delta_i^n = \frac{W_i^{n+}}{S_i^n}\frac{\partial V}{\partial W} = \frac{W_i^{n+}}{S_i^n}\frac{V(W_i^{n+}+\varpi,t_n)-V(W_i^{n+},t_n)}{\varpi} \qquad (4.32)$$

式中，$V(W_i^{n+} + \varpi, t_n)$ 和 $V(W_i^{n+}, t_n)$ 可以根据本章第一节中柳树法定价方法进行计算。在提款日 t_n，变额年金合约的 dollar delta 值为每个资产价格 S_i^n 对应的 δ_i^n 的值的期望。

$$\delta^n = \sum_{i=1}^m q_i^n \delta_i^n \quad (4.33)$$

式中，q_i^n 为公式（4.31）中 S_i^n 对应的概率。$\{(S_i^n, q_i^n)\}$ 即为柳树上每一点的资产价格和对应的概率。相比于蒙特卡罗方法，本书方法不需要模拟，只需要计算 $\{(S_i^n, q_i^n)\}$。因此，柳树法的计算效率更高。

柳树法可以用于对变额年金进行对冲和风险管理。本节主要根据希腊字母 Delta 研究 Δ 对冲效果。Δ 对冲的长头寸为标的资产 S 和银行账户 B，短头寸为变额年金合约 V，即

$$\Pi(t) = \Delta_S(t)S(t) + \Delta_B(t)B(t) - V(t) \quad (4.34)$$

式中，$\Delta_S(t)$ 和 $\Delta_B(t)$ 分别为标的资产和银行账户的头寸。t_n 时刻对冲头寸为

$$\Delta_S(t_n) = \frac{W(t_n)}{S(t_n)} \frac{\partial V}{\partial W} \quad (4.35)$$

式中，$\frac{\partial V}{\partial W}$ 可以根据公式（4.32）中有限差分方法进行计算。与 dollar delta 不同的是，Δ 对冲是随着时间变化的一个动态过程。$\Delta_S(t_n)$ 和 $\Delta_B(t_n)$ 需要在每个提款日进行调整，使得投资组合 $\Pi(t)$ 的损益值接近 0。

下面在几何布朗运动、CEV 模型和 Merton 跳扩散模型下，研究 Δ 对冲的效果。在本实验中，Δ 对冲头寸调整在提款日进行。图 4.7 为在几何布朗运动下，波动率 σ 为 0.2 和 0.4 时，Δ 对冲（每年对冲一次）损益直方图。蒙特卡罗模拟次数为 1000 次。图 4.8 和图 4.9 为在 CEV 模型和 Merton 跳扩散模型下，Δ 对冲（每年对冲一次）损益直方图。

在几何布朗运动下，波动率比较小的时候，Δ 对冲的效果相对较好，当 $\sigma=0.4$ 时，Δ 对冲损益的分布比 $\sigma=0.2$ 时宽，但是损益集中在 0 附近。对于 CEV 模型，当 $\sigma=0.4$ 时，Δ 对冲损益分布在 [-0.5%，1%] 区间内，对冲效果不够好。由此说明，在 CEV 模型下，Δ 对冲不能够对冲标的资产价格的风险。总体来说，标的资产的波动率比较大的时候，Δ 对冲效果相对较差，不能足够对冲资产价格的风险。

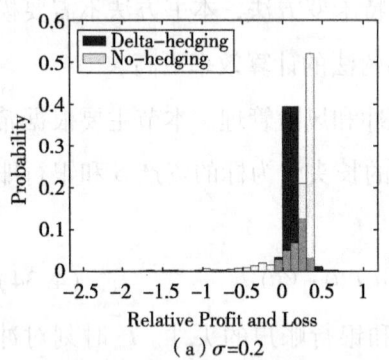
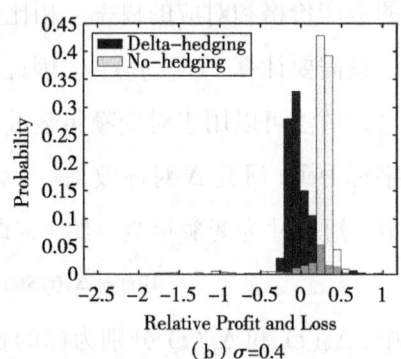

图 4.7　几何布朗运动下，在不同的波动率 σ 时，Δ 对冲损益直方图

（灰色为重叠部分）

参数为：$T=20$，$\alpha=100\mathrm{bp}$，$r=3\%$

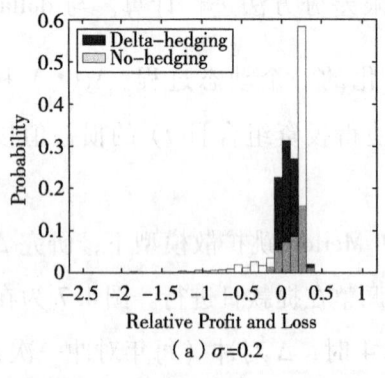
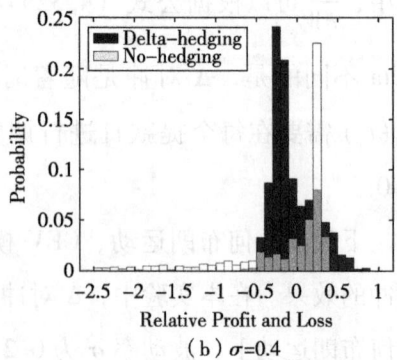

图 4.8　在 CEV 模型下，在不同的 σ 时，Δ 对冲损益直方图（灰色为重叠部分）

参数为：$T=20$，保费 $\alpha=100\mathrm{\ bp}$，$\beta=0.5$，$r=2\%$

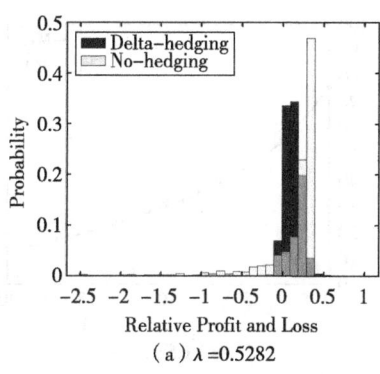 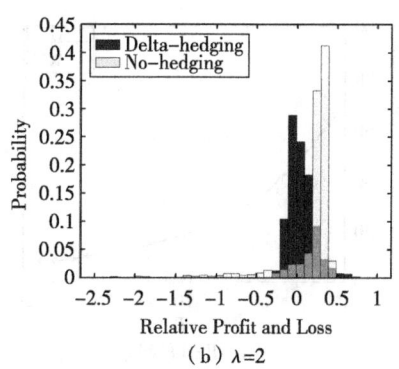

图 4.9 在 Merton 跳扩散模型下，在不同的跳跃强度 λ 时，Δ 对冲损益直方图（灰色为重叠部分）

参数为：$T=20$，$\alpha=100\text{bp}$，$\sigma=0.1114$，$\sigma_J=0.1094$，$\alpha_J=-0.1825$，$r=3\%$

对于 Merton 跳扩散模型，跳跃强度对对冲效果具有重要影响。当跳跃强度比较小时，$\lambda = 0.5282$，从图 4.9（a）可以看出，Δ 对冲的相对损益集中在 0 附近，但是其收益的分布比图 4.7（a）要宽。当跳跃强度变大时，图 4.9（b）为 $\lambda=2$ 的情况下对冲的效果，Δ 对冲的相对损益不再集中在 0 附近。因此，当标的资产价格服从 Merton 跳扩散模型时，Δ 对冲不足以对冲跳跃的风险，对冲时可能还需要一些其他的衍生品。图 4.10 为柳树法（WT）和蒙特卡罗法（MC）计算 20 年到期的变额年金每年的 dollar delta 数值结果对比。柳树法计算的 dollar delta 值与蒙特卡罗法结果非常接近，但是计算时间只需要蒙特卡罗法的二十分之一。

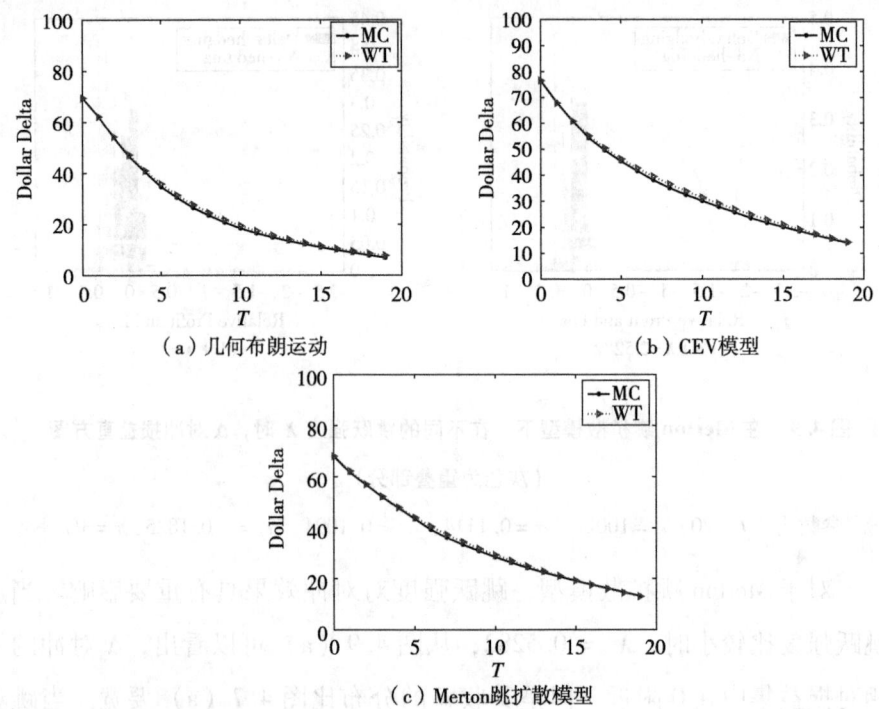

图4.10 柳树法和蒙特卡罗法计算20年到期的变额年金每年的 dollar delta 数值结果对比

保费为 $\alpha=100\text{bp}$，风险资产价格服从几何布朗运动模型（$\sigma=0.2$）、CEV模型（$\beta=0.5$，$\sigma=0.2$）和 Merton 跳扩散模型（$\sigma=0.1114$，$\lambda=0.5282$，$\alpha_J=-0.1825$，$\sigma_J=0.1094$）

第四节 本章小结

本章主要介绍了同时含有 GMDB、GMWB、GMAB 和 GMIB 多种利益保证的变额年金定价。在多种随机模型下，提出了一种简单有效并且节约计算成本的数值计算方法。在几何布朗运动、CEV 模型和跳扩散模型进行数值实验，对不同参数下变额年金的初始价格进行计算，并进行敏感性分析。考虑了三种不同类型的利益保证：返回初值型、Roll-up 型和 Ratchet 型的最低利益保证。与蒙特卡罗方法进行对比，数值结果体现了本书方法具有较高精度以及计算效率较高。根据敏感性分析可知，风险资产价格的波动对合约价值影响也较大，保险公司需要采取合适的风险管理措施来规避损失。根据对冲结果，标的资产的波动率或者跳跃强度比较大时，Δ 对冲效果相对较差，不能足够对冲资产价格的风险，可能需要一些其他衍生品进行对冲以及风险管理。

第五章
变额年金风险度量

当保险公司签订一份变额年金合约时，应该留出足够的准备金，以保证在经济环境不利的情况下可以支付所要面临的损失。世界各地的从业人员和监管机构使用的两种最常见的风险度量是风险价值（Value-at-Risk，VaR）和条件尾部期望（Conditional Tail Expectation，CTE）。在美国市场，美国保监会（National Association of Insurance Commissioners，NAIC）发布了示范条例，该条例基本上被州一级的保险监管机构采用，要求变额年金编者使用70%的CTE确定准备金，90%的CTE确定基于风险的资本（RBC）[38]。

变额年金的风险度量对于保险公司的风险管理、准备金和风险权重资本的计算至关重要。目前只有嵌套模拟方法对含有多种最低利益保证的变额年金进行风险度量。尤其当保险公司有大量变额年金合约时，嵌套模拟方法较为耗时。本章基于柳树法，分别在固定利率和随机利率下，提出一种方法计算VaR和CTE。对于保险公司而言可以节省大量的计算时间，为保险公司管理风险、计算准备金和监管资本提供一种实用的工具。

第一节　VaR 和 CTE 计算

风险价值（VaR）为一定时间内，给定置信水平 θ，保险公司可能承受的最大的负债，即

$$\text{VaR}_\theta = \inf\{y: P(L_0 \leq y) \geq \theta\} \tag{5.1}$$

当 L_0 是一个连续的随机变量时，VaR_θ 是分位数风险度量，即

$$P(L_0 > \text{VaR}_\theta) = 1 - \theta \tag{5.2}$$

这个分位数风险度量忽略了尾部的损失分布。L_0 的条件尾部期望（CTE）定义为超过 VaR_θ 的负债的期望，即

$$\text{CTE}_\theta = \mathbb{E}[L_0 | L_0 > \text{VaR}_\theta] \tag{5.3}$$

式中，$\mathbb{E}[X|Y]$ 为给定 Y 时 X 的条件期望。接下来介绍投资账户价格 $W(t)$ 的柳树构建方法，基于此刻画变额年金的负债净额 L_0 的分布，从而计算 VaR_θ 和 CTE_θ 两个风险度量指标。

一、投资账户价值的柳树构建

在第三章第一节中，我们介绍了风险资产价格服从几何布朗运动、CEV 模型和 Merton 跳扩散模型时，风险资产价格的柳树构建。本节从投资账户价值的角度，介绍其柳树构建。在真实测度（$\mathbb{P}$-measure）下，假设风险资产价格服从几何布朗运动：

$$dS(t) = \mu S(t) dt + \sigma S(t) dB(t), \quad t > 0 \tag{5.4}$$

式中，$B(t)$ 是标准布朗运动，μ 和 σ 是常数，μ 是风险资产的收益，σ 是风险资产的波动率。如果在合约期限内没有提取收益，投资账户与共同基金价值成比例。投资账户价值 $W(t)$ 为

$$W(t) = W^0 \frac{S(t)}{S(0)} e^{-\alpha t}, \quad t \geq 0 \tag{5.5}$$

式中，W^0 是投资者的初始投资。账户价值可以写成一个随机微分方程（SDE）

$$dW(t) = (\mu - \alpha)W(t)dt + \sigma W(t)dB(t), \quad W^0 > 0 \tag{5.6}$$

GMWB 允许投资者定期从投资账户中提取一定比例的收益，不管投资账户价值如何变化，投资者可以提取合约保证的所有金额。GMWB 的具体介绍可以参看文献 [33，34，35]。根据 SOA 和 2015 LIMRA 的实证研究[35]，多数变额年金的投保者按照合约约定的提取金额提款。因此，本章假设投保者只在提款日按照合约约定的金额从投资账户中提款，不收取罚金。业界的从业者也经常在这一假设下进行模拟计算[38]。从而，投资账户价值的变化为

$$dW(t) = (\mu - \alpha)W(t)dt - wdt + \sigma W(t)dB(t), W(0) = W^0 \tag{5.7}$$

式中，w 为单位时间投保者的提款金额。假设 GMWB 最低提取保证金为 G_W，为初始投资 W^0，即 $G_W = W^0$。这意味着投保者可以在合约期限内取回其初始投资。

下面构建投资账户价值 $W(t)$ 的柳树，主要分为两步，分别为每个节点账户价值计算和转移概率计算。

1. 账户价值估计

在 t_n 时刻，投资账户价值 $W(t_n)$ 是一个随机变量。如果已知 $W(t_n)$ 的密度函数，可以根据密度函数直接对 $W(t_n)$ 的值取样。我们可以应用 Johnson 曲线转换公式[60]将一个正态分布映射到一个任意分布，前提是已知 $W(t_n)$ 的前四阶矩。下面计算 $W(t)$ 在 t_n 的前四阶矩，从而应用 Johnson 曲线转换公式计算柳树上每个节点的账户价值。

定理 5.1 给定随机过程 $W(t)$ 服从随机微分方程 (5.48)，$W(t)$ 的前四阶矩为

$$\mathbb{E}[W(t)] = \frac{w}{\mu-\alpha} + \left(W^0 - \frac{w}{\mu-\alpha}\right)e^{(\mu-\alpha)t}$$

$$\mathbb{E}[W(t)^2] = (W^0)^2 \cdot e^{[2(\mu-\alpha)+\sigma^2]t} + \frac{2w^2}{[2(\mu-\alpha)+\sigma^2](\mu-\alpha)}\left[1 - e^{[2(\mu-\alpha)+\sigma^2]t}\right]$$
$$+ \frac{2w}{\mu-\alpha+\sigma^2}\left(W^0 - \frac{w}{\mu-\alpha}\right)\left[e^{(\mu-\alpha)t} - e^{[2(\mu-\alpha)+\sigma^2]t}\right]$$

$$\mathbb{E}[W(t)^3] = (W^0)^3 \cdot e^{3[(\mu-\alpha)+\sigma^2]t} + \frac{2w^3}{(\mu-\alpha+\sigma^2)[2(\mu-\alpha)+\sigma^2](\mu-\alpha)}\left[1 - e^{3(\mu-\alpha+\sigma^2)t}\right]$$
$$+ \frac{6w^2}{(\mu-\alpha+\sigma^2)[2(\mu-\alpha)+3\sigma^2]}\left(W^0 - \frac{w}{\mu-\alpha}\right)\left[e^{(\mu-\alpha)t} - e^{3(\mu-\alpha+\sigma^2)t}\right]$$
$$+ \frac{3w}{\mu-\alpha+2\sigma^2}\left[(W^0)^2 - \frac{2w^2}{[2(\mu-\alpha)+\sigma^2](\mu-\alpha)} - \frac{2w}{(\mu-\alpha)+\sigma^2}\left(W^0 - \frac{w}{\mu-\alpha}\right)\right]$$
$$\left[e^{[2(\mu-\alpha)+\sigma^2]t} - e^{3(\mu-\alpha+\sigma^2)t}\right]$$

$$\mathbb{E}[W(t)^4] = (W^0)^4 \cdot e^{[4(\mu-\alpha)+6\sigma^2]t} + \frac{4w^4\left[1 - e^{[4(\mu-\alpha)+6\sigma^2]t}\right]}{(\mu-\alpha+\sigma^2)[2(\mu-\alpha)+\sigma^2][2(\mu-\alpha)+3\sigma^2](\mu-\alpha)}$$
$$+ \frac{8w^3\left(W^0 - \frac{w}{\mu-\alpha}\right)\left[e^{(\mu-\alpha)t} - e^{[4(\mu-\alpha)+6\sigma^2]t}\right]}{(\mu-\alpha+\sigma^2)[2(\mu-\alpha)+3\sigma^2](\mu-\alpha+2\sigma^2)(\alpha-\mu-2\sigma^2)}$$
$$+ \frac{12w^2\left[e^{[2(\mu-\alpha)+\sigma^2]t} - e^{[4(\mu-\alpha)+6\sigma^2]t}\right]}{(\alpha-\mu-2\sigma^2)[2(\alpha-\mu)-5\sigma^2]} \times$$
$$\left[(W^0)^2 + \frac{2w^2}{[2(\alpha-\mu)-\sigma^2](\mu-\alpha)} - \frac{2w}{\mu-\alpha+\sigma^2}\left(W^0 - \frac{w}{\mu-\alpha}\right)\right]$$
$$- 4w\Bigg\{\frac{(W^0)^3}{\alpha-\mu-3\sigma^2} - \frac{2w^3}{(\alpha-\mu-\sigma^2)[2(\alpha-\mu)-\sigma^2](\alpha-\mu-3\sigma^2)(\mu-\alpha)}$$
$$- \frac{0w^2}{(\alpha-\mu-\sigma^2)[2(\alpha-\mu)-3\sigma^2](\alpha-\mu-3\sigma^2)}\left(W^0 - \frac{w}{\mu-\alpha}\right)$$
$$+ \frac{3w\left[(W^0)^2 + \frac{2w^2}{[2(\alpha-\mu)-\sigma^2](\mu-\alpha)} + \frac{2w}{\alpha-\mu-\sigma^2}\left(W^0 - \frac{w}{\mu-\alpha}\right)\right]}{(\alpha-\mu-2\sigma^2)(\alpha-\mu-3\sigma^2)}\Bigg\} \times \left[e^{3(\mu-\alpha+\sigma^2)t} - e^{[4(\mu-\alpha)+6\sigma^2]t}\right]$$

证明：$W(t)$ 前四阶矩推导方法类似，下面以 $W(t)$ 第一、二阶矩 $\mathbb{E}[W(t)]$ 和 $\mathbb{E}[W(t)^2]$ 为例，给出具体推导过程。第三、四阶矩可以用同样的方法推导。公式 (5.48) 中账户价值 $W(t)$ 可以写为

$$W(t) = W^0 + \int_0^t (\mu-\alpha)W(s)\mathrm{d}s - wt + \int_0^t \sigma W(s)\mathrm{d}B(s)$$

然后，$W(t)$ 的期望为

$$\mathbb{E}[W(t)] = W^0 - wt + \int_0^t (\mu-\alpha)\mathbb{E}[W(s)]\mathrm{d}s$$

因为 $\int_0^t \sigma W(s)\mathrm{d}s$ 是鞅，所以其期望为 0。因此，$\mathbb{E}[W(t)]$ 的导数为

$$\frac{\mathrm{d}}{\mathrm{d}t}\mathbb{E}[W(t)] = -w + (\mu - \alpha)\mathbb{E}[W(t)]$$

即

$$\frac{\mathrm{d}}{\mathrm{d}t}e^{-(\mu-\alpha)t}\mathbb{E}[W(t)] = -we^{-(\mu-\alpha)t}$$

对上面公式两边同时求积分，我们有

$$e^{-(\mu-\alpha)t}\mathbb{E}[W(t)] - W^0 = \frac{w}{\mu-\alpha}\left[e^{-(\mu-\alpha)t} - 1\right]$$

因此，$\mathbb{E}[W(t)]$ 为

$$\mathbb{E}[W(t)] = e^{(\mu-\alpha)t}\left(W^0 - \frac{w}{\mu-\alpha}\right) + \frac{w}{\mu-\alpha}$$

利用类似方法，根据伊藤引理，$W(t)^2$ 的随机微分方程为

$$\mathrm{d}W(t)^2 = \left[(2(\mu-\alpha) + \sigma^2)W(t)^2 - 2w \cdot W(t)\right]\mathrm{d}t + 2\sigma W(t)^2 \mathrm{d}B(t)$$

$W(t)^2$ 可以写为

$$W(t)^2 = (W^0)^2 + [2(\mu-\alpha) + \sigma^2]\int_0^t W(s)^2 \mathrm{d}s - 2w\int_0^t W(s)\mathrm{d}s + 2\sigma\int_0^t W(s)^2 \mathrm{d}B(s)$$

因此，$W(t)^2$ 的期望为

$$\mathbb{E}[W(t)^2] = (W^0)^2 + [2(\mu-\alpha) + \sigma^2]\int_0^t \mathbb{E}[W(s)^2]\mathrm{d}s - 2w\int_0^t \mathbb{E}[W(s)]\mathrm{d}s$$

对 $\mathbb{E}[W(t)^2]$ 求导可得

$$\frac{\mathrm{d}}{\mathrm{d}t}\mathbb{E}[W(t)^2] = [2(\mu-\alpha) + \sigma^2]\mathbb{E}[W(s)^2]\mathrm{d}s - 2w\mathbb{E}[W(s)]\mathrm{d}s$$

即

$$\frac{\mathrm{d}}{\mathrm{d}t}e^{-[2(\mu-\alpha)+\sigma^2]t}\mathbb{E}[W(t)^2] = e^{-[2(\mu-\alpha)+\sigma^2]t}(-2w\mathbb{E}[W(t)])$$

将 $\mathbb{E}[W(t)]$ 代入以上表达式，$\mathbb{E}[W(t)^2]$ 可以通过积分求得

$$\begin{aligned}\mathbb{E}[W(t)^2] = &\ (W^0)^2 e^{[2(\mu-\alpha)+\sigma^2]t} + \frac{2w^2}{[2(\mu-\alpha)+\sigma^2](\mu-\alpha)}\left[1 - e^{[2(\mu-\alpha)+\sigma^2]t}\right] \\ &+ \frac{2w}{\mu-\alpha+\sigma^2}\left(W^0 - \frac{w}{\mu-\alpha}\right)\left[e^{(\mu-\alpha)t} - e^{[2(\mu-\alpha)+\sigma^2]t}\right]\end{aligned}$$

同理，$\mathbb{E}[W(t)^3]$ 和 $\mathbb{E}[W(t)^4]$ 可以用同样的方法推导。

在 t_n 时刻，柳树上共有 m 个可能的投资账户价值 W_i^n。根据账户价值的前四阶矩，可以通过 Johnson 曲线转换公式[60]将一个正态分布映射

求得：

$$W_i^n = \varepsilon g^{-1}\left(\frac{z_i - \gamma}{\delta}\right) + \nu, \quad i = 1, 2, \cdots, m \quad (5.8)$$

式中，γ、δ、ν、ε 和 $g^{-1}(\cdot)$ 可以根据 $W(t_n)$ 的前四阶矩得到[52]，z_i 是正态分布的离散样本点的值，可以根据文献 [87] 中的方法采样。由于账户价值不能为负数，因此将从公式（5.8）得到的账户价值 W_i^n 为负数的时候设为 0，即

$$W_i^n = \max\{W_i^n, 0\} \quad (5.9)$$

当投资账户价值为 0 时，变额年金合约持续到合约到期日或者投保者死亡日，但是保险公司不会再从中收取任何保费。

2. 转移概率计算

从 W_i^n 到 W_j^{n+1} 的转移概率 p_{ij}^n 为给定 W_i^n 时 $W(t_{n+1})$ 的条件概率，即为

$$p_{ij}^n = P(A \leqslant W(t_{n+1}) \leqslant B \mid W_i^n), \quad j = 1, 2, \cdots, m \quad (5.10)$$

式中，$A = (W_{j-1}^{n+1} + W_j^{n+1})/2$，$B = (W_j^{n+1} + W_{j+1}^{n+1})/2$，其中 $(W^0)^{n+1} = -\infty$ 和 $W_{m+1}^{n+1} = +\infty$。根据文献 [84] 中的结果，条件概率 $P(A \leqslant W(t_{n+1}) \leqslant B \mid W_i^n)$ 的密度函数是如下 Fokker–Planck 方程的解：

$$\frac{\partial p}{\partial t} = -\frac{\partial(((\mu - \alpha)W - w)p)}{\partial W} + \frac{\sigma^2}{2}\frac{\partial^2(W^2 p)}{\partial^2 W} \quad (5.11)$$

它可以在路径积分表示中近似表示为

$$p(W(t_{n+1})|W(t_n)) = \frac{1}{\sqrt{2\pi\sigma^2(W(t_n))^2 \Delta t}} \exp\left\{-\frac{\{W(t_{n+1}) - W(t_n) - [(\mu - \alpha)W(t_n) - w]\Delta t\}^2}{2\sigma^2(W(t_n))^2 \Delta t}\right\}$$

$$(5.12)$$

式中，$\Delta t = t_{n+1} - t_n$。因此相应的转移概率可以写为

$$p_{ij}^n = P(A \le W(t_{n+1}) \le B | W_i^n) = \frac{1}{\sqrt{2\pi\sigma^2(W_i^n)^2\Delta t}} \int_A^B \exp\left\{-\frac{\{x - W_i^n - [(\mu-\alpha)W_i^n - w]\Delta t\}^2}{2\sigma^2(W_i^n)^2\Delta t}\right\}dx$$

(5.13)

从 t_n 到 t_{n+1} 的转移概率矩阵为 $m \times m$ 的矩阵，代表从 W_i^n 到 W_j^{n+1} 的转移概率。从 t_0 到 t_1 的转移概率为一个 $m \times 1$ 的向量，记 q_i 为从 W^0 到 W_i^1 的转移概率，可以估计为

$$q_i = P(A \le W(t_1) \le B | W^0) = \frac{1}{\sqrt{2\pi\sigma^2(W^0)^2\Delta t}} \int_A^B \exp\left\{-\frac{\{x - W^0 - [(\mu-\alpha)W^0 - w]\Delta t\}^2}{2\sigma^2(W^0)^2\Delta t}\right\}dx$$

(5.14)

至此，我们已经构建了投资账户价值 $W(t)$ 的柳树结构，下面在此基础上计算含有多种最低利益保证的变额年金负债净额 L_0 的 VaR_θ 和 CTE_θ。

二、柳树法计算 VaR 和 CTE

给定一个常数 K，定义函数 $v(t,x,y)$ 为

$$\begin{aligned} v(t,x,y) &\equiv P(L_0 \le K | W(t) = x, F(t) = y) \\ &= \mathbb{E}[\mathbb{I}(L_0 \le K) | W(t) = x, F(t) = y] \end{aligned}$$

(5.15)

式中，$F(t)$ 为初始时刻到 t 时刻保险公司累积保费收益的贴现值，即 $F(t) = \alpha_x \int_0^t e^{-rs} W(s) ds$。在 $t = 0$ 时刻，负债的分布为 $v(0, W^0, 0) = P(L_0 \le K)$。因此，在置信水平 θ 下，VaR 的值即为使得下式成立的 K 值，即

$$v(0, W^0, 0) = P(L_0 \le K) = \theta \tag{5.16}$$

一旦计算出了 VaR_θ，也可以计算相应的 CTE_θ 为

$$\text{CTE}_\theta = \frac{1}{1-\theta} \mathbb{E}[L_0 \cdot \mathbb{I}(L_0 > \text{VaR}_\theta)] \tag{5.17}$$

下面定义另一个函数 $u(t,x,y)$ 为

$$u(t,x,y) \equiv \mathbb{E}[L_0 \cdot \mathbb{I}(L_0 > \text{VaR}_\theta) \mid W(t) = x,\ F(t) = y] \tag{5.18}$$

CTE_θ 可以根据 $\text{CTE}_\theta = u(0, W^0, 0)/(1-\theta)$ 计算。给定置信水平 θ，在根据公式 (5.16) 求解 VaR_θ 之前，我们在柳树法的框架下，提出一个给定 K 时计算 $v(t,x,y)$ 的算法。

假设投资账户价值 $W(t)$ 服从公式 (5.48) 中的随机过程，在连续的情况下，保险公司累积保费收益的贴现值为

$$F(t) = \alpha_x \int_0^t e^{-rs} W(s)\mathrm{d}s \tag{5.19}$$

考虑离散的情况，在 $0 = t_0 < t_1 < \cdots < t_N \equiv T$ 时刻收取保费，在 t_n 时刻，保险公司累积保费收益的贴现值 F^n 为

$$F^n = \alpha_x \sum_{s=1}^n e^{-rt_s} W^s, \qquad n = 1, 2, \cdots, N \tag{5.20}$$

其中，假设 $W^n \equiv W(t_n)$ 和 $F^n \equiv F(t_n)$。换句话说，F^{n+1} 可以满足如下递推公式：

$$F^{n+1} = F^n + \alpha_x e^{-rt_{n+1}} W^{n+1} \tag{5.21}$$

基于前文中构建的投资账户的柳树结构，我们知道在每个时刻 t_n 有 m 个投资账户价值的代表值 W_i^n。假设 W_i^n 以递减的顺序排列，也就是 W_1^n 是最大值，W_m^n 是最小值。因此，从 t_1 到 t_n，保险公司累积收益现值的范围为 $[0, F_{\max}^n]$，其中 $F_{\max}^n = \alpha_x \sum_{s=1}^n e^{-rt_s} W_1^s$。因此，定义从 t_1 到 t_n 时刻 Q 个离散的累积收益的现值的代表值为

$$F_k^n = k\frac{F_{\max}^n}{Q}, \qquad k = 1, 2, \cdots, Q \tag{5.22}$$

将函数 $v(t_n, W_i^n, F_k^n)$ 简写为 v_{ik}^n，其中 W_i^n 和 F_k^n 分别为 $t_n (n=1,\cdots,N)$ 时刻给定的投资账户价值和保险公司累积保费收益的贴现值。下面介绍给定 K 值情况下，基于 $W(t)$ 的柳树结构倒推 $v(0, W^0, 0)$ 的计算方法。

首先，在合约到期日 $t_N = T$，对于柳树上任意一个投资账户价值 $W_i^N, i = 1, 2, \cdots, m$，给定保险公司累积保费收益贴现值 $F_k^N, k = 1, 2, \cdots, Q$，函数 v_{ik}^N 的值为

$$\begin{aligned} v_{ik}^N &= \mathbb{E}[\mathbb{I}(L_0 \leq K) \mid W^N = W_i^N, F^N = F_k^N] \\ &= {}_{t_N}\tilde{Q}_{x+t_{N-1}} \mathbb{E}[\mathbb{I}(L_0 \leq K) \mid W^N = W_i^N, F^N = F_k^N, D^N = 1] \\ &\quad + (1 - {}_{t_N}\tilde{Q}_{x+t_{N-1}}) \mathbb{E}[\mathbb{I}(L_0 \leq K) \mid W^N = W_i^N, F^N = F_k^N, D^N = 0] \end{aligned} \quad (5.23)$$

式中，$D^N = 1$ 代表投保者在 $(t_{N-1}, t_N]$ 内死亡，即 $\tau_x \in (t_{N-1}, t_N]$，其对应的概率为 ${}_{t_N}\tilde{Q}_{x+t_{N-1}}$。$D^N = 0$ 代表投保者在 t_N 时刻存活，概率为 $1 - {}_{t_N}\tilde{Q}_{x+t_{N-1}}$。

给定 $W^N = W_i^N, F^N = F_k^N$ 和 $D^N = 1$，在 t_N 时刻，变额年金合约负债净额为

$$L_0 = e^{-rt_N}(e^{i_r t_N} G_D - W_i^N)^+ - F_k^N$$

如果投保者死亡，变额年金合约在 t_N 时刻终止，GMMB 和 GMWB 利益保证就失效。因此，公式 (5.23) 第一项中的条件期望估计为

$$\mathbb{E}[\mathbb{I}(L_0 \leq K) \mid W^N = W_i^N, F^N = F_k^N, D^N = 1] = \begin{cases} 1, & L_0 \leq K \\ 0, & \text{其他} \end{cases} \quad (5.24)$$

如果投保者在 t_N 时刻存活，即 $D^N = 0$ 的情况，变额年金负债由 GMMB 决定，为

$$L_0 = e^{-rt_N}(G_M - W_i^N)^+ - F_k^N \quad (5.25)$$

同理，相应的条件期望为

$$\mathbb{E}[\mathbb{I}(L_0 \leq K) \mid W^N = W_i^N, F^N = F_k^N, D^N = 0] = \begin{cases} 1, & L_0 \leq K \\ 0, & \text{其他} \end{cases} \quad (5.26)$$

将条件期望公式 (5.24) 和公式 (5.26) 代入公式 (5.23) 中，即可求得 v_{ik}^N。从而可以得到 t_N 时刻给定 W_i^N 和 F_k^N 情况下的 $v(t, x, y)$ 的值。

然后，在 t_{N-1} 时刻，给定投资账户价值 W_i^{N-1}，如果给定累积保费收益贴现值 F_k^{N-1}，函数 v_{ik}^{N-1} 可以通过倒推的方法进行计算，即

$$\begin{aligned}
v_{ik}^{N-1} &= \mathbb{E}[\mathbb{I}(L_0 \leq K) \mid W^{N-1} = W_i^{N-1}, F^{N-1} = F_k^{N-1}] \\
&= {}_{t_{N-1}}\tilde{Q}_{x+t_{N-2}}\mathbb{E}[\mathbb{I}(L_0 \leq K) \mid W^{N-1} = W_i^{N-1}, F^{N-1} = F_k^{N-1}, D^{N-1} = 1] \\
&\quad + (1 - {}_{t_N}\tilde{Q}_{x+t_{N-1}})\mathbb{E}[\mathbb{I}(L_0 \leq K) \mid W^{N-1} = W_i^{N-1}, F^{N-1} = F_k^{N-1}, D^{N-1} = 0]
\end{aligned} \tag{5.27}$$

类似于 t_N 时刻的计算方法，首先考虑投保者在 $(t_{N-2}, t_{N-1}]$ 内死亡的情况，即 $D^{N-1} = 1$。负债净额 L_0 为

$$L_0 = e^{-rt_{N-1}}\left(e^{irt_{N-1}}G_D - W_i^{N-1}\right)^+ - F_k^{N-1} \tag{5.28}$$

条件期望为

$$\mathbb{E}[\mathbb{I}(L_0 \leq K) \mid W^{N-1} = W_i^{N-1}, F^{N-1} = F_k^{N-1}, D^{N-1} = 1] = \begin{cases} 1, & L_0 \leq K \\ 0, & \text{其他} \end{cases} \tag{5.29}$$

如果投保者在 t_{N-1} 时刻存活，投资账户价值大于零，即 $W_i^N > 0$，变额年金合约继续持有。假设投资账户价值从 t_{N-1} 时刻的 W_i^{N-1} 变到 t_N 时刻的 W_j^N，累积保费收益贴现值为

$$\bar{F}_{jk}^N = F_k^{N-1} + e^{-rt_N} \cdot \alpha_x \cdot W_j^N \tag{5.30}$$

由于 $\bar{F}_{jk}^N$ 一定会落在 $[0, F_{\max}^N]$ 内，存在 k^* 使得 $F_{k^*}^N \leq \bar{F}_{jk}^N \leq F_{k^*+1}^N$。相应的函数值 $\bar{v}_{jk}^N \equiv v(t_N, W_j^N, \bar{F}_{jk}^N)$ 可以通过 $v_{jk^*}^N$ 和 $v_{jk^*+1}^N$ 线性插值求得，即

$$\bar{v}_{jk}^N = \alpha_{jk}^N v_{jk^*+1}^N + (1 - \alpha_{jk}^N)v_{jk^*}^N, \quad \text{其中} \quad \alpha_{jk}^N = \frac{\bar{F}_{jk}^N - F_{k^*}^N}{F_{k^*+1}^N - F_{k^*}^N} \tag{5.31}$$

也就是

$$\bar{v}_{jk}^N = \mathbb{E}[\mathbb{I}(L_0 \leq K) \mid W^N = W_j^N, W^{N-1} = W_i^{N-1}, F^{N-1} = F_k^{N-1}, D^{N-1} = 0] \tag{5.32}$$

根据重期望公式（law of total expectation 或 tower rule），我们有

$$\begin{aligned}
&\mathbb{E}[\mathbb{I}(L_0 \leq K) \mid W^{N-1} = W_i^{N-1}, F^{N-1} = F_k^{N-1}, D^{N-1} = 0] \\
&= \mathbb{E}\big[\mathbb{E}[\mathbb{I}(L_0 \leq K) \mid W^N, W^{N-1} = W_i^{N-1}, F^{N-1} = F_k^{N-1}, D^{N-1} = 0] \\
&\quad \mid W^{N-1} = W_i^{N-1}, F^{N-1} = F_k^{N-1}, D^{N-1} = 0\big] \\
&= \sum_{j=1}^m p_{ij}^{N-1} \bar{v}_{jk}^N
\end{aligned} \tag{5.33}$$

式中，p_{ij}^{N-1} 为柳树上从 W_i^{N-1} 到 W_j^N 的转移概率。

另外，如果投保者在 t_{N-1} 时刻存活，但是投资账户价值为 0，即 $\tau_x > \tau_0 = t_{N-1}$，保险公司未来将没有保费收益。也就是投资账户价值和保险公司累积保费收益现值在未来时刻分别固定在 0 和 F_k^{N-1}。因此，此时我们只需要在合约到期日考虑变额年金的负债净额。因此 $\tilde{v}_{ik}^{N-1}$ 为

$$\begin{aligned}
\tilde{v}_{ik}^{N-1} &= \mathbb{E}[\mathbb{I}(L_0 \leq K) \mid W^{N-1} = 0, F^{N-1} = F_k^{N-1}, D^{N-1} = 0] \\
&= {}_{t_N}\tilde{Q}_{x+t_{N-1}} \mathbb{E}[\mathbb{I}(L_0 \leq K) \mid W^N = 0, W^{N-1} = 0, F^{N-1} = F_k^{N-1}, D^{N-1} = 0, D^N = 1] \\
&\quad + (1 - {}_{t_N}\tilde{Q}_{x+t_{N-1}}) \mathbb{E}[\mathbb{I}(L_0 \leq K) \mid W^N = 0, W^{N-1} = 0, F^{N-1} = F_k^{N-1}, D^{N-1} = 0, D^N = 0]
\end{aligned}$$
(5.34)

一般情况下，在 t_n 时刻，如果投资账户价值为 0，并且投保者存活到 t_n 时刻，$\tilde{v}_{ik}^n$ 的值为

$$\begin{aligned}
\tilde{v}_{ik}^n &= \mathbb{E}[\mathbb{I}(L_0 \leq K) \mid W^n = 0, F^n = F_k^n, D^n = 0] \\
&= \sum_{l=n+1}^N P(D^l = 1 \mid D^n = 0) \mathbb{E}[\mathbb{I}(L_0 \leq K) \mid W^l = 0, W^n = 0, F^n = F_k^n, D^n = 0, D^l = 1] \\
&\quad + P(D^N = 0 \mid D^n = 0) \mathbb{E}[\mathbb{I}(L_0 \leq K) \mid W^N = 0, W^n = 0, F^n = F_k^n, D^n = 0, D^N = 0]
\end{aligned}$$
(5.35)

式中，$P(D^l = 1 \mid D^n = 0)$ 为投保者在 t_n 时刻存活，但是在 $[t_{l-1}, t_l]$ 死亡的概率；$P(D^N = 0 \mid D^n = 0)$ 为投保者存活到合约到期日 t_N 的概率。基于以上条件概率的定义，我们有

$$P(D^l = 1 \mid D^n = 0) = \frac{1}{{}_{t_n}\tilde{P}_x}({}_{t_{l-1}}\tilde{P}_x - {}_{t_l}\tilde{P}_x) \quad \text{和} \quad P(D^N = 0 \mid D^n = 0) = \frac{{}_{t_N}\tilde{P}_x}{{}_{t_n}\tilde{P}_x}$$
(5.36)

当 $D^l = 1$ 时，即投保者在 $(t_{l-1}, t_l]$ 内死亡，变额年金合约在 t_l 时刻终止。对于任意的 $l = 1, 2, \cdots, N$，可以根据公式（2.20）计算负债净额 L_0，此时有 $\tau_x = t_l$ 和 $\tau_0 = t_n$。因此，条件期望为

$$\mathbb{E}[\mathbb{I}(L_0 \leq K) \mid W^l = 0, W^n = 0, F^n = F_k^n, D^n = 0, D^l = 1] = \begin{cases} 1, & L_0 \leq K \\ 0, & \text{其他} \end{cases}$$
(5.37)

当 $D^N = 0$ 时，即投保者在合约到期日 T 依然存活，$\tau_x > T$ 并且 $\tau_0 = t_n$。负债净额 L_0 仍然可以根据公式（2.20）计算，其中期望为

$$\mathbb{E}[\mathbb{I}(L_0 \leq K) | W^N = 0, W^n = 0, F^n = F_k^n, D^n = 0, D^N = 0] = \begin{cases} 1, & L_0 \leq K \\ 0, & \text{其他} \end{cases}$$
(5.38)

根据柳树法倒推，在 t_0 时刻，给定 K，可以得到 $v(0, W^0, 0)$ 的值。在初始时刻，$v(0, W^0, 0)$ 为

$$\begin{aligned} v(0, W^0, 0) &= \mathbb{E}[\mathbb{I}(L_0 \leq K) | W^0 = W^0, F^0 = 0, D^0 = 0] \\ &= \sum_{j=1}^{m} q_j \bar{v}_{jk}^1 \end{aligned}$$
(5.39)

式中，q_j 是从 W^0 到 W_j^1 的转移概率。由于投保者在初始时刻是存活的，即 $D^0 = 0$，而且初始投资为正数，即 $W^0 > 0$。然后可以根据二分法求解下面方程中的 VaR_θ：

$$v(0, W^0, 0) = P(L_0 \leq \text{VaR}_\theta) = \theta$$
(5.40)

由于投资账户价值 $W(t)$ 的柳树是不变的，只需要构建一次柳树，然后在此基础上计算 θ。

在得到 VaR_θ 之后，同理可根据公式 (5.18) 中定义的 $u(t, x, y)$ 在 $t = 0, x = W^0, y = 0$ 时的值计算 CTE_θ。$u(t, x, y)$ 的计算过程和 $v(t, x, y)$ 的计算过程类似，只需要将 $v(t, x, y)$ 中的期望值 $\mathbb{E}[\mathbb{I}(L_0 \leq K)]$ 替换为 $\mathbb{E}[L_0 \cdot \mathbb{I}(L_0 > \text{VaR}_\theta)]$ 即可。给定 VaR_θ，只需要一次倒推就可以计算出 CTE_θ 的值。因此，此时 CTE 的计算成本比计算 VaR 小很多。

第二节 数值结果与分析

本节计算含有 GMDB、GMMB 和 GMWB 的变额年金的风险指标 VaR 和 CTE。首先与现有方法比较含有一种最低利益保证的变额年金的风险度量的数值结果，然后分析含有多种利益保证的变额年金的风险度量，对影响负债的因素进行探索分析。本节中投保者生存的期限参考美

国社会保障局（US Social Security Administration）精算研究中公布的生命表[11]①。如果在真实测度下，标的风险资产价格服从几何布朗运动。

$$dS(t) = \mu S(t)dt + \sigma S(t)dB(t), \quad S(0) = 1 \tag{5.41}$$

其中，漂移项为 $\mu = 0.09$，波动率 $\sigma = 0.3$，变额年金初始投资 W^0 为 1，无风险利率 r 为 5%。每种最低利益保证值都为初始投资，即 $G_W = G_M = G_D = W^0$。如果变额年金中不包含某一个最低利益保证，那么相应的利益保证值设为 0。例如，如果合约中不包含 GMDB，那么 $G_D = 0$。柳树的空间节点数为 100，F^m 的离散代表点数为 50，即 $m = 100$，$Q = 50$。

一、GMDB/GMMB

考虑一个 65 岁的男性投保者投资一个 10 年期的变额年金合约，合约含有 GMDB 或者 GMMB 条款。由于合约中不包含 GMWB，可以令提款金额 $w = 0$，最低提取收益 $G_W = 0$。M&E 保费为 0.02，即 $\alpha = 0.02$，其包含了 GMDB 和 GMMB 条款对应的保费 0.0035（即 $\alpha_D = \alpha_M = 0.0035$）。GMDB 是 Roll-up 型，最低死亡利益保证 G_D 每年的 Roll-up rate 为 6%，即 $i_r = 6\%$。

表 5.1 记录了含有 GMDB 或 GMMB 的变额年金的风险度量 VaR 和 CTE 的数值结果。表中包含四种计算方法，包括柳树法（WT）、Green 函数法（GREEN）[36]、Hermite 级数展开方法（HER）[28]和 10^6 次模拟的蒙特卡罗法（MC）。表 5.1 展示了不同置信水平 θ 下的数值结果和计算时间。由于 GMMB 只需要在合约到期日考虑保险公司的负债值，故 GREEN 和 HER 计算结果十分有效。然后，在考虑 GMDB 条款时，计算时间明显增多，这是由于 GMDB 条款对应的负债需要在合约到期日之前

---

① http://s3.amazonaws.com/zanranstorage/www.socialsecurity.gov/ContentPages/10640324.pdf.

的所有离散的时间点考虑。我们提出的柳树法的计算时间在同时考虑 GMDB 和 GMMB 条款时与只考虑 GMMB 时几乎相同。事实上，当我们考虑 GMDB、GWWB 和 GMMB 三种条款时，风险度量的计算时间值增加很少。即使在这种情况下柳树法不是四种方法中最快的计算方法，但是对于 GMDB 条款，它只需要大概 3.5 秒的时间计算一对 VaR 和 CTE 的值。

表 5.1 含有 GMDB 或 GMMB 的变额年金合约 90%、95% VaR 和 CTE（%）的数值结果以及相应的计算时间（秒）

变额年金合约为 10 年期，投保者为 65 岁男性

VA	GMMB				GMDB			
	WT	GREEN	HER	MC (std)	WT	GREEN	HER	MC (std)
$VaR_{90\%}$	31.691	31.556	31.555	31.947 (0.157)	27.098	27.695	27.693	27.577 (0.542)
$CTE_{90\%}$	40.70	40.899	40.899	41.355 (0.098)	57.143	57.47	57.469	57.759 (0.29)
$VaR_{95\%}$	40.066	40.175	40.176	40.637 (0.128)	55.543	55.802	55.8	56.113 (0.211)
$CTE_{95\%}$	45.937	46.034	46.034	46.506 (0.096)	73.494	73.328	73.328	73.836 (0.197)
计算时间（秒）	3.580	0.438	0.078	128.891	3.483	8.781	0.984	130.217

二、GMWB

在本实验中，考虑只含有 GMWB 的变额年金合约。为了对比我们提出的柳树法与 PDE 方法[38]，此处忽略死亡因素，即假设投保者在合约到期日依然存活。M&E 保费 α 为 1%，包括 GMWB 条款对应的保费 $\alpha_W = 0.0035$。变额年金合约的期限由 G_W/w 决定。表 5.2 记录了含有

GMWB 的变额年金合约 90%、95% VaR 和 CTE（%）的数值结果以及相应的计算时间（秒）。表中列出了柳树法（WT）、PDE 方法（PDE）和蒙特卡罗法（MC）的数值结果。

表 5.2　含有 GMWB 的变额年金合约 90%、95%VaR 和 CTE（%）的数值结果以及相应的计算时间（秒）

投保者为 65 岁男性，每年的提款策略为 w

VA	GMWB								
w	0.05			0.067			0.1		
	WT	PDE	MC (std)	WT	PDE	MC (std)	WT	PDE	MC (std)
$\text{VaR}_{90\%}$	22.109	20.078	20.915 (0.099)	25.234	23.203	23.63 (0.148)	26.172	26.328	26.072 (0.154)
$\text{CTE}_{90\%}$	28.529	28.396	27.300 (0.100)	31.373	32.088	30.367 (0.113)	34.274	35.911	33.059 (0.073)
$\text{VaR}_{95\%}$	28.984	26.953	26.398 (0.097)	30.732	30.547	29.408 (0.129)	33.828	34.141	31.962 (0.269)
$\text{CTE}_{95\%}$	32.747	33.493	31.073 (0.096)	35.082	37.575	34.385 (0.108)	37.256	41.809	37.284 (0.079)
计算时间（秒）	6.22	17.63	232.08	4.51	11.46	189.76	2.84	7.72	120.57

在文献［38］中，计算 VaR 需要通过一系列二维 PDE 方法计算 $v(t,x,y)$。给定一个置信水平 θ，文献［38］基于离散网格（$\Delta t = 0.01$，$\Delta x = 0.01, \Delta y = 0.01$）计算，大概需要花费 5 个小时的时间来计算 VaR_θ。在本实验中，我们调整网格点 $\Delta t = 0.1$，$\Delta x = 0.1$，$\Delta y = 0.1$，仍然需要柳树法计算时间的三倍左右。与粗网格（coarsegrid）的基准相比，PDE 方法的精度不如我们提出的柳树方法。这表明我们提出的柳树法计算风险度量的精度与蒙特卡罗法相同，但是比另外两种方法需要更少的计算时间。

三、GMDB、GMMB 和 GMWB

本实验考虑含有 GMDB、GMMB 和 GMWB 的变额年金合约。如果一个 10 年期的变额年金合约不包含 GMDB、GMMB 和 GMWB，其负债净额最大值为

$$\int_0^T w e^{-rt} \mathrm{d}t = \frac{w}{r}(1 - e^{-rT}) \approx 0.7869$$

其中，$r = 5\%$，$w = 0.1$ 和 $T = 10$，这意味着如果投资账户价值在合约签订后变为零，在这种极端情况发生的负债净额。此处不考虑死亡率，假设投保者在合约到期日依然存活。然而，当变额年金合约包含 GMDB 条款，负债净额的最大值比 100% 大，从而也说明死亡风险是保险公司需要考虑的一个重要的风险因素。因此，我们探讨不同年龄的投保者对应的风险度量，考虑了死亡风险和提取收益对风险度量的影响。接下来，我们探索市场参数和合约参数对风险度量的影响并进行敏感性分析。

考虑一个 10 年期的变额年金合约初始投资为 $W^0 = 1$。标的风险资产价格服从几何布朗运动，漂移项 $\mu = 0.09$，波动率 $\sigma = 0.3$。变额年金的管理费（administration charge）为 0.95%，不包含每种利益保证的对应的保费。如果合约包含 GMDB、GMMB 和 GMWB 中的一种利益保证，需要额外收取 35bp 的保费。例如，如果变额年金合约包含 GMDB 和 GMWB 两种利益保证，合约的 M&E 保费为 $\alpha = 0.0095 + 0.0035 + 0.0035 = 0.0165$。实验中考虑了三个投保者，分别为 45 岁、55 岁和 65 岁男性。我们计算三位投保者对应的变额年金合约的负债 L_0 的累积概率分布（CDF）。图 5.1 针对不同投保者年龄，绘制柳树法（WT）和蒙特卡罗法（MC）计算的 L_0 的累积概率分布（CDF）图。考虑了只含有

GMDB、含有 GMDB 和 GMMB 以及含有 GMDB、GMMB 和 GMWB 三种类型变额年金合约的负债分布。横坐标为 K 的值，纵坐标为负债净额的概率 $\theta = P(L_0 \leq K)$。由于现有其他方法不能计算含有多种利益保证的变额年金的风险度量，蒙特卡罗法是唯一的评价标准。当变额年金合约只含有 GMDB 时，对于 45 岁和 55 岁投资者而言，90% VaR 接近于 0。然而对于 65 岁的投资者而言，90% VaR 接近 0.3。这表明，如果投保者年龄比较小，GMDB 条款对应的负债比较低。当含有 GMDB 的变额年金合约中加入 GMWB 条款时，对于 45 岁或 55 岁投资者而言，90% VaR 增加到 0.25，但是对于 65 岁投资者增加到了 0.75。当投资者年龄比较小时，也就是死亡率相对较低时，GMWB 条款对应负债的 90% VaR 只有 0.25，反之，对于年龄较大的投保者而言，GMWB 条款对应负债的 90% VaR 达到了 0.5。因此，可以看出对于年龄较大者而言，死亡风险可以放大 GMWB 条款引起的负债。最后，将 GMMB 条款考虑进来，也就是变额年金合约包含三种最低利益保证。相比于 65 岁投保者对应的变额年金的负债，45 岁的投资者对应变额年金的负债增加更为明显。因此，对于 GMMB 条款带来的负债，45 岁投资者相对于 65 岁投资者更显著。

图 5.2 从另一个角度展示了死亡风险的影响，考虑不同投保者年龄下，含有 GMDB、GMMB 和 GMWB 的 10 年期变额年金合约的负债 L_0 的累积概率分布（CDF）。首先考虑只含有 GMWB 条款的变额年金。三个年龄的投保者的负债相同，因为在此种情况下没有考虑死亡风险，即假设投保者在合约到期日依然存活。当加入 GMDB 条款时，死亡风险也考虑进来，对于 45 岁投保者而言，变额年金合约 90% VaR 只增加一点，从 0.25 变到 0.3。然而从图 5.2（a）可知，对于 65 岁投保者而言，变额年金合约 90% VaR 从 0.25 变到 0.75，这种情况下的死亡风险

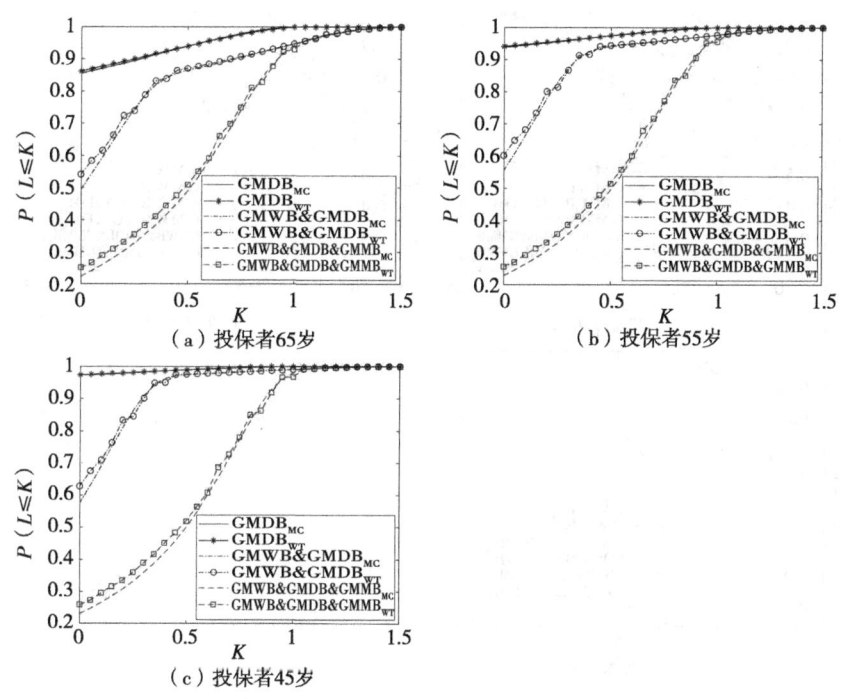

图 5.1 在不同投保者年龄下，含有 GMDB、GMMB 和 GMWB 的
变额年金合约的负债 L_0 的累积概率分布（CDF）

比较大，GMDB 条款带来的负债也比较大。最后，考虑含有三种最低利益保证的变额年金合约。可以看出，GMMB 条款负债对年轻的投保者的影响大于年长的投保者。从图 5.1 和图 5.2 可以看出，死亡风险是变额年金合约负债的非常重要的影响因素，但是对不同种类的利益保证的影响，还要取决于投资者的年龄。GMDB 对老年人持有的变额年金合约负债的影响大于年轻人持有的变额年金合约负债，GMMB 对应的结论则相反。因此，保险公司应按投保人的年龄采取不同的风险管理策略，而不是按照最低利益保证的类型分类。

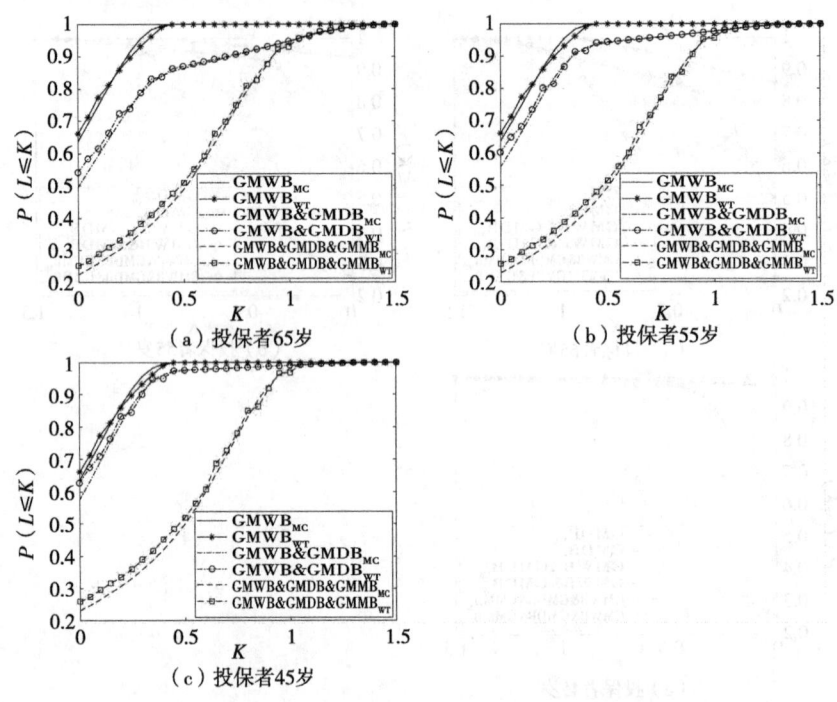

图 5.2 在不同投保者年龄下,含有 GMWB、GMDB 和 GMMB 的 10 年期变额年金合约的负债 L_0 的累积概率分布(CDF)

表 5.3 为不同 m 和 Q 水平下,含有 GMDB、GMMB 和 GMWB 的 10 年期的变额年金合约 $P(L \leq 0.9)$ 的数值结果。其中,0.8824 是蒙特卡罗法的计算结果。结果表明,计算时间随着 m 和 Q 线性增长。当 $M > 50$ 以及 $Q > 20$ 时,$P(L_0 \leq K)$ 的数值结果快速收敛于 10^5 次模拟的蒙特卡罗法的结果。

表 5.3　在不同 m 和 Q 水平下，含有 GMDB、GMMB 和 GMWB 的
10 年期的变额年金合约 $P(L \leqslant 0.9)$ 的数值结果，括号内为计算时间（秒）

10^5 次蒙特卡罗法计算结果为 0.8824，标准差为 0.0011

	Q				
m	10	15	20	30	50
10	0.868976 (0.00067)	0.869272 (0.00098)	0.868832 (0.0013)	0.868451 (0.0020)	0.868606 (0.0033)
20	0.875346 (0.0022)	0.874273 (0.0033)	0.8749 (0.0048)	0.875366 (0.0065)	0.875554 (0.0112)
30	0.889942 (0.0046)	0.890216 (0.0069)	0.890145 (0.0097)	0.890285 (0.0144)	0.890285 (0.0240)
50	0.88013 (0.0126)	0.880956 (0.0181)	0.880279 (0.0245)	0.880085 (0.0363)	0.880405 (0.0629)
100	0.878624 (0.0483)	0.878157 (0.0705)	0.878105 (0.0939)	0.878061 (0.1436)	0.878134 (0.2367)
150	0.877477 (0.1070)	0.877137 (0.1615)	0.877189 (0.2121)	0.877227 (0.3188)	0.877454 (0.5570)
200	0.874314 (0.1916)	0.873913 (0.2789)	0.873982 (0.3749)	0.873915 (0.5779)	0.874015 (0.9508)

接下来，对变额年金合约参数和市场参数对变额年金负债的影响进行敏感性分析。表 5.4 为不同市场参数 μ、σ 和 r 下，含有 GMDB、GMMB 和 GMWB 的 10 年期变额年金合约的 VaR 和 CTE 数值结果。投保者为 65 岁男性。漂移项 μ 为标的风险资产价格的期望收益率。随着 μ 增大，VaR 和 CTE 变小。但是相比于其他参数 σ 和 r，漂移项 μ 对 VaR 和 CTE 影响较小。例如，当 $\sigma = 0.2$ 时，变额年金 90% CTE 约为 0.92；其他参数不变，当 $\sigma = 0.4$ 时，变额年金 90% CTE 大于 1.20。波动率的增加对变额年金风险的影响较大，因此，对冲市场风险是降低变额年金风险的有效途径。另一个重要的风险因素是利率。利率的降低会增加

变额年金的负债,因此,保险公司需要对冲利率的下行风险,以减少变额年金长期到期而产生的负债。

表 5.4　在不同模型参数下,含有 GMDB、GMMB 和 GMWB 的
10 年期的变额年金合约 90%、95% VaR 和 CTE(%)的数值结果

其中,μ 是标的资产的收益率,σ 为波动率,r 为无风险利率。

变额年金合约的初始投资为 $W^0 = 1$

μ	0.08		0.09		0.1	
	WT	MC	WT	MC	WT	MC
		(std)		(std)		(std)
$VaR_{90\%}$	94.556	93.701	93.472	92.255	93.384	90.678
		(0.149)		(0.133)		(0.168)
$CTE_{90\%}$	108.604	108.859	108.314	107.349	106.47	105.65
		(0.221)		(0.219)		(0.239)
$VaR_{95\%}$	103.345	104.326	102.603	102.731	102.576	100.988
		(0.263)		(0.248)		(0.287)
$CTE_{95\%}$	119.382	119.506	118.838	117.945	115.571	116.151
		(0.304)		(0.302)		(0.300)
σ	0.2		0.3		0.4	
	WT	MC	WT	MC	WT	MC
		(std)		(std)		(std)
$VaR_{90\%}$	78.241	77.743	93.472	92.255	107.007	102.703
		(0.1502)		(0.1333)		(0.1751)
$CTE_{90\%}$	92.439	92.76	108.314	107.349	120.233	117.715
		(0.2017)		(0.2193)		(0.2025)
$VaR_{95\%}$	86.792	88.17	102.603	102.731	111.987	112.979
		(0.1929)		(0.2484)		(0.2244)
$CTE_{95\%}$	103.093	103.216	118.838	117.945	129.963	128.456
		(0.2763)		(0.3021)		(0.2745)

续表

r	0.04		0.05		0.06	
	WT	MC (std)	WT	MC (std)	WT	MC (std)
$VaR_{90\%}$	102.466	100.539 (0.172)	93.472	92.255 (0.133)	85.327	84.515 (0.105)
$CTE_{90\%}$	118.367	116.786 (0.298)	108.314	107.349 (0.219)	99.179	98.474 (0.101)
$VaR_{95\%}$	111.987	111.308 (0.324)	102.603	102.731 (0.248)	94.025	94.536 (0.128)
$CTE_{95\%}$	130.023	128.347 (0.417)	118.838	117.945 (0.302)	108.73	108.113 (0.163)

表 5.5 和表 5.6 分析了负债对变额年金合约参数的敏感性。利益保证金和 Roll-up 比率 i_r 与变额年金的负债正相关。少量的提取金额 w 意味着变额年金合约的到期时间较长，这也增加了负债。就像在图 5.1 和图 5.2 中观察到的一样，投保人年龄越小，变额年金的整体负债越低。

表 5.5 在不同 i_r 和 w 参数下，含有 GMDB、GMMB 和 GMWB 的
10 年期的变额年金合约 90%、95% VaR 和 CTE (%) 的数值结果

其中，i_r 是 Roll-up 比率，w 为提款策略

i_r	0.05		0.06		0.07	
	WT	MC (std)	WT	MC (std)	WT	MC (std)
$VaR_{90\%}$	93.384	90.354 (0.127)	93.472	92.255 (0.133)	94.556	94.18 (0.209)
$CTE_{90\%}$	103.091	102.117 (0.154)	108.314	107.349 (0.219)	112.682	113.452 (0.256)

续表

i_r	0.05		0.06		0.07	
	WT	MC (std)	WT	MC (std)	WT	MC (std)
$VaR_{95\%}$	101.733	98.584 (0.174)	102.603	102.731 (0.248)	109.058	108.68 (0.389)
CTE_{95}	110.287	110.118 (0.227)	118.838	117.945 (0.302)	127.347	126.962 (0.338)

w	0.1 ($T=10$)		0.07 ($T=15$)		0.05 ($T=20$)	
	WT	MC (std)	WT	MC (std)	WT	MC (std)
$VaR_{90\%}$	93.472	92.255 (0.133)	100.415	99.897 (0.155)	116.235	115.474 (0.364)
$CTE_{90\%}$	108.314	107.349 (0.219)	119.453	118.81 (0.142)	130.422	129.169 (0.223)
$VaR_{95\%}$	102.603	102.731 (0.248)	116.675	117.027 (0.246)	128.394	127.536 (0.236)
$CTE_{95\%}$	118.838	117.945 (0.302)	130.187	129.355 (0.124)	138.604	137.077 (0.164)

表 5.6 在不同最低利益保证金和投资者年龄情况下，含有 GMDB、GMMB 和 GMWB 的 10 年期的变额年金合约 90%、95% VaR 和 CTE（%）的数值结果

其中，G_* 为最低利益保证金。三种利益保证金相同，即 $G_M = G_D = G_W = G_*$。

第二个子表为不同投资者年龄对应的 10 年期变额年金合约的风险度量

$G_* \backslash W^0$	75%		100%		120%	
	WT	MC (std)	WT	MC (std)	WT	MC (std)
$VaR_{90\%}$	76.538	74.261 (0.079)	93.472	92.255 (0.133)	106.75	106.843 (0.132)
$CTE_{90\%}$	86.334	85.323 (0.151)	108.314	107.349 (0.219)	127.88	126.098 (0.195)

续表

$G_* \backslash W^0$	75%		100%		120%	
	WT	MC (std)	WT	MC (std)	WT	MC (std)
$VaR_{95\%}$	84.741	82.05 (0.075)	102.603	102.731 (0.248)	122.095	121.909 (0.335)
$CTE_{95\%}$	93.354	92.813 (0.23)	118.838	117.945 (0.302)	139.462	139.354 (0.238)
年龄（$T=10$）	45		55		65	
	WT	MC (std)	WT	MC (std)	WT	MC (std)
$VaR_{90\%}$	86.938	86.913 (0.101)	87.007	88.391 (0.093)	93.472	92.255 (0.133)
$CTE_{90\%}$	96.409	95.872 (0.119)	101.249	99.669 (0.176)	108.314	107.349 (0.219)
$VaR_{95\%}$	94.556	93.333 (0.128)	94.611	95.647 (0.119)	102.603	102.731 (0.248)
$CTE_{95\%}$	101.829	101.815 (0.158)	108.994	107.611 (0.278)	118.838	117.945 (0.302)

最后，讨论保费对变额年金负债的影响。表5.7和表5.8列出了在不同保费情况下，含有GMDB、GMMB和GMWB的10年期的变额年金合约90%、95% VaR和CTE的数值结果。我们发现，增加保费并不能减少赔偿责任，反而会增加风险。造成这种现象的原因是费用的增加降低了投资账户的价值，从而吸收了未来的潜在损失。一旦费用从投资账户中扣除，它只获得等于无风险利率的收益，而投资账户中的资金可以获得更高的预期回报。换言之，如果这些保费回报不比共同基金更高，最好不要从风险管理的角度增加收费。因此，保险公司必须积极管理其风险，而不是简单地增加保费。

表 5.7　　不同保费时，含有 GMDB、GMMB 和 GMWB 的
10 年期的变额年金合约 90% VaR 和 CTE（%）的数值结果

其中，投保者为 65 岁男性，M&E 保费为 α，α_x 为三种利益保证的总保费。

* 为不适用的情况

(α, α_x)	90% VaR ($VaR_{90\%}$)					
	0.0075		0.0105		0.015	
	WT	MC (std)	WT	MC (std)	WT	MC (std)
0.015	93.97	92.015 (0.203)	93.452	91.461 (0.114)	*	*
0.02	93.965	92.696 (0.081)	93.474	92.13 (0.16)	92.793	91.364 (0.157)
0.025	94.746	93.398 (0.108)	94.551	92.897 (0.138)	93.184	92.128 (0.143)

(α, α_x)	90% CTE ($CTE_{90\%}$)					
	0.0075		0.0105		0.015	
	WT	MC (std)	WT	MC (std)	WT	MC (std)
0.015	108.597	107.048 (0.237)	108.202	106.469 (0.193)	*	*
0.02	108.705	107.783 (0.106)	108.314	107.278 (0.169)	107.759	106.328 (0.202)
0.025	108.811	108.532 (0.266)	108.527	107.897 (0.2)	107.785	107.046 (0.204)

表 5.8　不同保费时，含有 GMDB、GMMB 和 GMWB 的 10 年期的
变额年金合约 95% VaR 和 CTE（%）的数值结果

其中，投保者为 65 岁男性，M&E 保费为 α，α_x 为三种利益保证的总保费。* 为不适用的情况

(α, α_x)	95% VaR ($\text{VaR}_{95\%}$)					
	0.0075		0.0105		0.015	
	WT	MC (std)	WT	MC (std)	WT	MC (std)
0.015	102.754	102.424 (0.217)	102.559	101.831 (0.227)	*	*
0.02	102.754	103.206 (0.133)	102.607	102.577 (0.231)	102.363	101.766 (0.215)
0.025	102.949	103.964 (0.278)	102.607	103.278 (0.205)	102.412	102.463 (0.254)
(α, α_x)	95% CTE ($\text{CTE}_{95\%}$)					
	0.0075		0.0105		0.015	
	WT	MC (std)	WT	MC (std)	WT	MC (std)
0.015	119.015	117.611 (0.291)	115.722	116.984 (0.277)	*	*
0.02	119.022	118.349 (0.176)	118.874	117.899 (0.216)	115.439	116.802 (0.273)
0.025	119.214	119.149 (0.368)	118.885	118.442 (0.264)	118.604	117.525 (0.28)

第三节　随机利率下变额年金风险度量

本章第一节和第二节均是在固定利率下对变额年金合约进行风险度量。除了标的资产的市场风险外，利率也是一个重要的风险因素。因此，本节探究随机利率对变额年金风险指标的影响。在第二章第二节

中，变额年金的负债表达式中贴现因子采用了常数利率 r，即 e^{-rt}。当考虑利率为随机变量时，需要将该节负债的表达式中的贴现因子替换为随机利率对应的贴现因子，记为 $D(t)$。含有 GMDB、GMMB 和 GMWB 的变额年金负债净额公式（2.20）替换为

$$L_0 = D(\tau_x)\left(e^{i r \tau_x} G_D^0 - W(\tau_x)\right)^+ \mathbb{I}(\tau_x \leq T) + D(T)(G_M - W(T))^+ \mathbb{I}(\tau_x > T) \\ + \int_{\tau_0 \wedge T}^{\tau_x \wedge T} D(s) w \mathrm{d}s - \alpha_x \int_0^{(\tau_0 \wedge \tau_x) \wedge T} D(s) W(s) \mathrm{d}s \quad (5.42)$$

目前关于利率模型的研究基本上将利率模型分为均衡模型和无套利模型，不同利率模型具有不同的随机微分方程结构。均衡模型的一个缺点是模型无法自动拟合金融市场上当日观测到的利率期限结构。无套利模型的设计能够完全拟合当日观测到的利率期限结构。本书以 Hull-White 模型[57]为例进行研究，模型能够拟合利率的期限结构。本书方法也可以推广到其他常见的短期利率模型，例如，Vasicek 模型[83]、CIR 模型[25]和 Black-Karasinski 模型[12]等。本节首先介绍 Hull-White 模型[57]和账户价值的变化，然后基于利率和账户价值的二维柳树结构，对变额年金进行风险度量。

一、利率和投资账户价值变化

Hull-White 模型下短期利率 r_t 在风险中性测度下满足如下随机微分方程[57]：

$$\mathrm{d}r(t) = (\theta(t) - ar(t))\mathrm{d}t + \sigma_1 \mathrm{d}B(t) \quad (5.43)$$

式中，$\theta(t)$ 是时间 t 的函数，参数 a 和 σ_1 均为常数。通常，Hull-White 模型（5.43）写作另外一种形式：

$$r(t) = r^*(t) + \phi(t)$$

式中，$\phi(t)$ 也是时间 t 的函数，r_t^* 满足如下随机微分方程：

$$\mathrm{d}r^*(t) = -ar^*(t)\mathrm{d}t + \sigma_1 \mathrm{d}B^1 \quad (5.44)$$

式中，$r^*(0) = 0$，参数 a 和 σ_1 与公式（5.43）保持一致。

给定无风险利率的变化过程（5.43），在真实测度下，假设共同基金价格服从

$$dS(t) = \mu(r,t)S(t)dt + \sigma_2 S(t)dB^2, \quad t > 0 \tag{5.45}$$

式中，$\mu(r,t)$ 是风险资产的收益，是无风险利率 $r \equiv r(t)$ 和时间 t 的函数。σ_2 是风险资产的波动率。B^2 和 B^1 是具有相关性的标准布朗运动，记 $\mathbb{E}[dB^1 dB^2] = \rho dt$。

如果在合约期限内没有提取收益，投资账户与共同基金价值成比例。投资账户价值为

$$W(t) = W^0 \frac{S(t)}{S(0)} e^{-\alpha t}, \quad t \geqslant 0 \tag{5.46}$$

式中，W^0 是投资者的初始投资。账户价值可以写成一个随机微分方程（SDE）：

$$dW(t) = (\mu(r,t) - \alpha)W(t)dt + \sigma W(t)dB^2, \quad W^0 > 0 \tag{5.47}$$

当考虑 GMWB 允许投资者定期从投资账户中提取一定比例的收益时，投资账户价值的变化为

$$dW(t) = (\mu(r,t) - \alpha)W(t)dt - wdt + \sigma W(t)dB^2, \quad W(0) = W^0 \tag{5.48}$$

式中，w 为单位时间投保者的提款金额。

综上所述，利率 $r(t)$ 和账户价值 $W(t)$ 二维的随机过程表示为

$$\begin{cases} r(t) = r^*(t) + \phi(t), \quad dr^*(t) = -ar^*(t)dt + \sigma_1 dB^1 \\ dW(t) = (\mu(r,t) - \alpha)W(t)dt - wdt + \sigma W(t)dB^2 \end{cases} \tag{5.49}$$

式中，$\mathbb{E}[dB^1 dB^2] = \rho dt$。

可以通过构建利率 $r(t)$ 和投资账户价值 $W(t)$ 二维柳树来刻画二者的变化。图 5.3 是一个 3 时段的利率和账户价值双因子柳树结构示意图，用于刻画利率以及账户价值随时间的变化。在这个柳树结构中，每个时间节点有 3 个可能的利率取值且基于每个利率取值有 3 个可能的股价取值，即在每一个时间节点有 9 个空间节点。然后可以基于二维柳

树，设计算法计算 VaR 和 CTE。本节主要讨论利率对变额年金风险度量的影响，Wang 和 Xu[84] 以 CIR 模型[25] 和 Hull-White 模型[57] 为例分别介绍了均衡模型和无套利模型的柳树结构构造过程。二维柳树具体构建方法以及随机利率下 VaR 和 CTE 的具体算法可参见文献 [85]。

二、数值结果

本节我们讨论不同的货币政策对变额年金负债及其风险度量的影响。实验中考虑两种收益类型的共同基金：α- 型和 β- 型。其中，α- 型的收益率是固定的常数 $\hat{\alpha}$。β- 型的收益率是浮动的，为无风险利率外加一个常数的溢价，即 $\mu(r,t) = r(t) + \hat{\beta}$。本节以上面两种类型为例进行研究，本节方法对其他收益类型也适用。为了公平比较，假设两种类型的共同基金在初始时刻具有相同的收益率。实验中，Hull-White 模型参数 $a = 0.07$，利率的波动率 $\sigma_1 = 0.0157$，标的资产波动率 $\sigma_2 = 0.30$，相关系数 $\rho = 0.4$，$i_r = 0.01$，$G_W = G_M = G_D = 1$，$\alpha_W = \alpha_M = \alpha_D = 0.0035$，$\alpha = 0.02$。

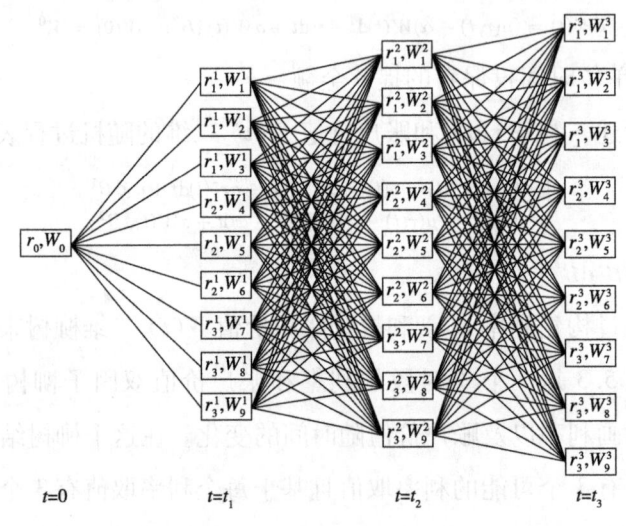

图 5.3　二维柳树结构示意图

在 2017—2018 年两年中，美联储几乎每季度都将基准利率提高 25 个基点。我们将每个美联储基准利率上调公告作为货币政策变化情景来分析影响。表 5.9 列出了公告三天后美国国债的收益率。然后，我们考虑期限为 10 年和 20 年的两个变额年金的风险度量，提款率 w 分别为 0.1 和 0.05，由不同年龄的投保人持有。投保人可以选择在 2017 年 3 月 20 日投资预期年回报率为 7% 的 α- 型共同基金或溢价为 5.99% 的 β- 型共同基金，其预期回报率也为 7%。图 5.4 根据货币政策变化绘制了 10 年期合约的 VaR 和 CTE。左侧（子图（a）、（c）和（e））为选择投资 α- 型基金的投保人，右侧（子图（b）、（d）和（f））为 β- 型基金。从图中可以看出，无论投资哪种类型基金或投保人的年龄有多大，这些子图中 90% 的 VAR 和 95% 的 VaR 都非常接近，但 CTE 略有不同。投资于 β- 型基金的 CTE 略大于投资于 α- 型基金的 CTE。换言之，投资于 β- 型基金的变额年金的负债分布比投资于 α- 型基金的变额年金的负债分布尾部更厚。厚尾的原因是利率和基金之间的正相关性，正相关增加了 β- 型基金对应的尾部的厚度。图 5.5 描绘了同一组投保人持有的 20 年变额年金合约的风险度量。与 10 年期合约相比，风险度量 VaR 和 CTE 有所降低。20 年期合约仅允许投保人每年提取率为 5%，而 10 年期合约的提取率为 10%。较小的提款率降低了账户损耗的可能性，这也降低了保险人的责任。投资于 β- 型基金的变额年金的 VaR 和 CTE 略大于投资于 α- 型基金的 VaR 和 CTE。同样，这意味着变额年金投资于 β- 型基金的负债相对尾部更厚。然而，与 10 年期变额年金合约相比，β- 型基金变额年金的尾部厚度有所降低。这意味着，随着合约期限的增加，相关性的影响减弱。此外，当货币政策发生变化时，20 年期变额年金的风险度量波动比 10 年期变额年金更剧烈，这也意味着货币政策变化对长期变额年金的影响大于对短期合约的影响。

表 5.9　　　　　　　　　　美国国债利率

日期	1 Mo	3 Mo	6 Mo	1 Yr	2 Yr	3 Yr	5 Yr	7 Yr	10 Yr	20 Yr
2017-03-20	0.7	0.76	0.89	1.01	1.3	1.57	2	2.28	2.47	2.83
2017-06-19	0.85	1.02	1.13	1.22	1.36	1.52	1.8	2.02	2.19	2.53
2017-12-18	1.26	1.38	1.51	1.7	1.84	1.94	2.17	2.3	2.39	2.57
2018-03-22	1.67	1.72	1.95	2.05	2.29	2.43	2.63	2.76	2.83	2.94
2018-06-14	1.81	1.94	2.07	2.35	2.59	2.69	2.81	2.9	2.94	2.99
2018-09-27	2.1	2.18	2.37	2.58	2.83	2.89	2.96	3.02	3.06	3.13
2018-12-20	2.42	2.39	2.55	2.64	2.67	2.65	2.65	2.72	2.79	2.92

数据来源: https://www.federalreserve.gov/releases/h15/。

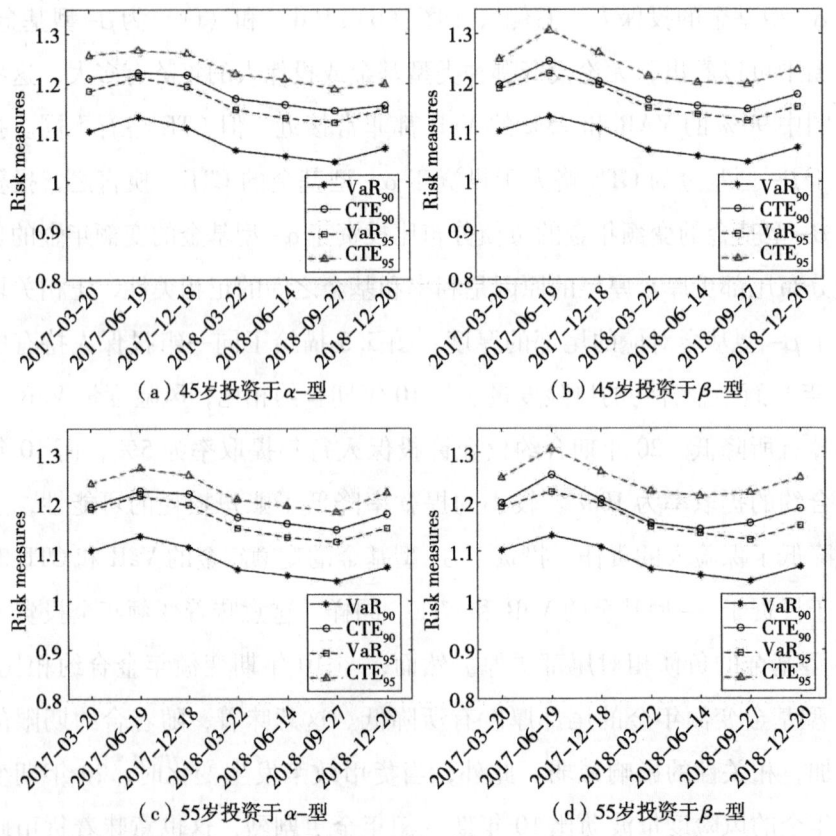

(a) 45 岁投资于 α-型　　　　　　(b) 45 岁投资于 β-型

(c) 55 岁投资于 α-型　　　　　　(d) 55 岁投资于 β-型

图 5.4　在表 5.9 中不同利率情景下, 10 年期合约的 **VaR** 和 **CTE**

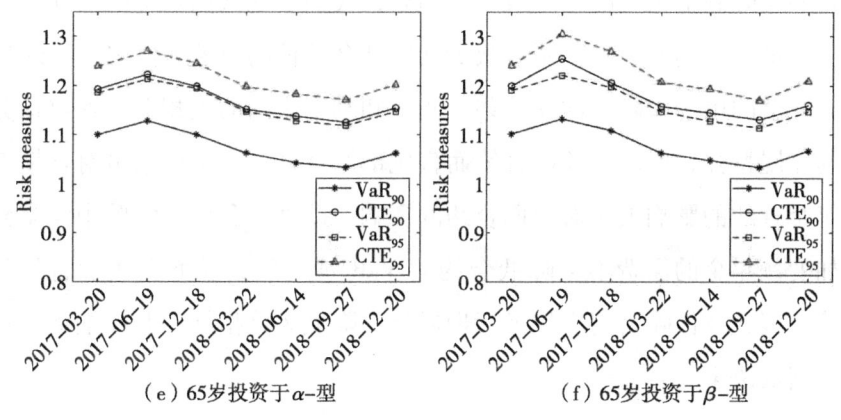

图 5.4 在表 5.9 中不同利率情景下，10 年期合约的 VaR 和 CTE（续）

第四节 本章小结

本章研究含有 GMDB、GMMB 和 GMWB 的变额年金的风险度量方法。在固定利率下和随机利率下，提出了一种有效的计算变额年金合约负债净额的 VaR 和 CTE 的数值方法，与现有的方法相比，本书方法可以计算同时含有三种最低利益保证的变额年金的风险度量，在保证计算精度的同时提高了计算效率，为保险公司管理风险、计算准备金和风险资本提供了一种实用的工具。尤其当保险公司有大量变额年金合约时，本书计算方法对于保险公司而言可以节省大量的计算时间。本章通过大量的数值试验，分析了死亡率风险、市场和合约参数以及利率对风险度量 VaR 和 CTE 的影响。数值结果说明死亡率风险对变额年金负债起着关键作用，不同年龄段的投保人的负债有所不同。对于年长的合约持有者，死亡风险通过 GMDB 影响变额年金负债，而年轻人则通过 GMMB 控制负债。因此，死亡风险是一个重要风险因素，建议保险公司根据投保人的年龄制定相应的对冲策略。同时，我们发现共同基金的波动性在风险度量中也起着关键作用。减少共同基金负债的有效方法之一是对冲共同基金的市场风险。此外，共同基金和利率之间的正相关导致负债分布的厚尾特征，但对于长期合约而言尾部厚度降低。货币政策对长期变额年金合约的影响大于对短期合约的影响。此外，我们在实验中观察到增加变额年金的保费不会降低合约的 VaR 或 CTE，反而会增加合约的风险。因此，保险公司应积极管理风险，降低风险指标，并仔细审查增加保费的决策。

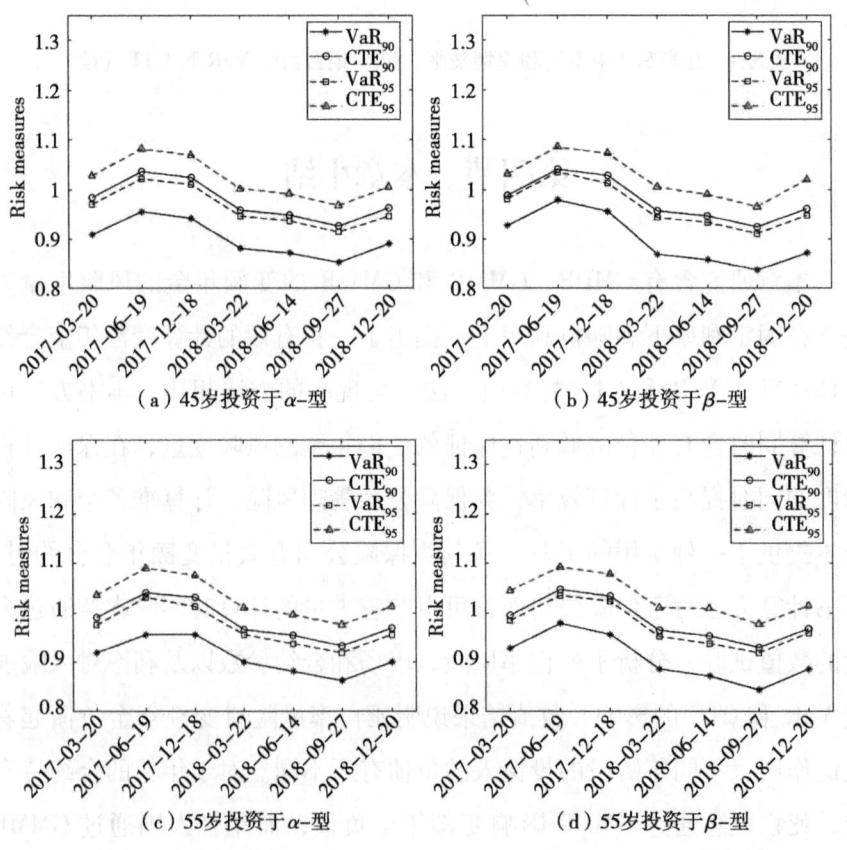

图 5.5　在表 5.9 中不同利率情景下，20 年期合约的 VaR 和 CTE

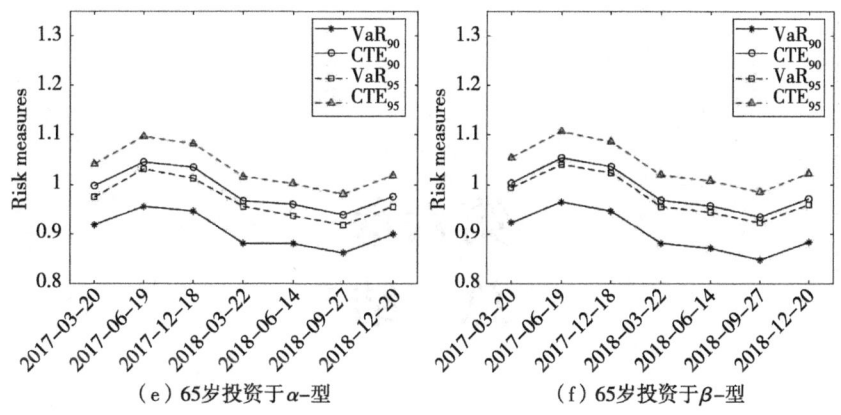

图 5.5　在表 5.9 中不同利率情景下，20 年期合约的 VaR 和 CTE（续）

第六章
总　结

第一节　研究内容总结

本书在柳树法的基础上，提出了变额年金合约的定价与风险度量方法。对含有最低提取利益保证（GMWB）、最低死亡利益保证（GMDB）、最低累积利益保证（GMAB）、最低到期利益保证（GMMB）和最低收益利益保证（GMIB）等多种最低利益保证的变额年金合约进行研究。本书的研究内容可以概括为以下三个方面。

1. 研究含有 GMWB 的变额年金合约的特点与定价方法，提出了柳树法定价 GMWB 的数值方法。含有 GMWB 的变额年金合约允许投资者定期从投资账户中提取一定比例的金额，无论投资收益如何，投资者有一个最低收益的保证。本书在给定提取策略（static）、可提前终止合约（mix）和优化提取策略（dynamic）三种提取策略下分别对 GMWB 进行定价，并且考虑了死亡风险。在优化提取策略模型下，在每个提款日投资者需要决定当前的提款策略。本书提出了一个寻找最优提取策略的优化算法。数值实验以几何布朗运动、Merton 跳扩散模型和 CEV 模型为例,与二叉树/三叉树方法、有限差分方法、数值积分方法、傅里叶变换方法等方法进行对比,说明了柳树法定价 GMWB 数值结果的有效性,并减少了计算时间,提高了计算效率。同时,对模型参数做了敏感性分析,并在 Merton 跳扩散模型下,对不同的跳跃强度和波动率情况做了 Δ 对冲效果分析。

2. 提出了含有 GMAB、GMIB、GMDB、GMWB 等多种最低利益保证的变额年金合约定价的数值方法。同时考虑了返回初值型、Roll-up 型和 Ratchet 型的最低利益保证。本书的方法可以推广到其他风险资产价格过程,并且柳树构建过程和定价过程相互独立,在不同的风险资产价格过程下定价,只需要改变相应柳树的构建过程。相比于现有的方法,本书方法降低了计算维度,减少了计算时间。最后通过数值实验,与蒙特卡罗方法进行对比,体现了本书提出的方法具有较高精度,并且提高了计算效率。

3. 研究含有 GMDB、GMMB 和 GMWB 的变额年金的风险度量与风险管理方法。变额年金的风险度量对保险公司的风险管理、准备金和风险权重资本的计算至关重要。目前只有嵌套模拟的方法对含有多种最低利益保证的变额年金进行风险度量。本书基于柳树法,分别在固定利率和浮动利率下,提出一种有效的计算变额年金合约负债净额的 VaR 和 CTE 的数值方法,与现有的方法相比,该方法可以计算同时含有三种最低利益保证的变额年金的风险度量,在保证计算精度的同时提高了计算效率。尤其当保险公司有大量变额年金合约时,本书计算方法对于保险公司而言可以节省大量的计算时间,为保险公司管理风险、计算准备金和监管资本提供了一种实用的工具。数值结果表明本书方法的有效性,同时得出,死亡率和利率是变额年金负债的主要影响因素。为了有效管理变额年金的风险，保险公司在做风险管理时，需要对冲利率带来的风险，并且根据投保者年龄制定对冲策略，仔细审查增加保费的决策。

第二节　优势与局限

本书提出了具有较高精度、快速、适用广泛的变额年金定价与风险度量数值方法。对于含有 GMWB 的变额年金定价和最优提取策略的计算，将离散的随机控制问题简化为求解一维有约束的最优化问题，提出了求解最优提取策略的算法。相比于现有的蛮力搜索（brute search）方法，本书方法考虑了整个搜索区间内的所有点，可以直接通过计算得到提取策略的最优解。在对变额年金合约定价的过程中，可以同时考虑GMDB、GMAB、GMIB 和 GMWB 等多种利益保证，同时可以考虑提前终止条款、死亡风险以及返回初值型、Roll-up 型和 Ratchet 型的最低利益保证条款对定价的影响。与现有的计算方法进行对比，柳树法定价变额年金节约了大量的计算时间，并且能达到相当的精度。在风险度量方面，提出了变额年金风险度量中 VaR 和 CTE 的数值计算方法，在相比于现有的嵌套模拟方法，在保证计算精度的同时提高了计算效率，尤其当保险公司有大量变额年金合约时，本书计算方法对于保险公司而言可以节省大量的计算时间，为保险公司管理风险、计算准备金和风险资本提供了一种实用的工具。本书从投资者角度对变额年金的价格和保费的价格进行了研究，给出了投资变额年金产品的决策参考；也从保险公司角度对其负债和监管资本进行了计算，帮助保险公司管理风险。

本书的局限性在于，本书提出的变额年金定价与风险度量数值方法存在计算误差。含有多种利益保证的变额年金定价没有解析解，因此只能运用数值方法对其进行求解。本书主要研究变额年金的定价与风险度量计算方法，主要考虑了标的资产的市场风险和利率风险，但是当标的资产价格过程具有更多随机项时，即需要构建高维柳树，这对本书方法目前依然是一个挑战。

主要符号对照表

T　合约期限

t　时间

r　利率

α　保费，包括基金的管理费和保证收益的保险费

S　风险资产价格

W　投资账户价值

A　GMWB 保证账户价值

G　GMWB 合约规定的每次提取金额

t_n　GMWB 的第 n 个提款日（$n=1,\cdots,N$）

t_n^-　t_n 时刻提款之前的时刻

t_n^+　t_n 时刻提款之后的时刻

ξ_n　t_n 时刻投保者提取金额

G_D^t　t 时刻 GMDB 对应的最低死亡利益保证金

G_A　GMAB 对应的最低累积利益保证金

G_I　GMIB 对应的最低收入利益保证金

G_W　GMWB 对应的最低提取利益保证金

G_M　　GMMB 对应的最低到期利益保证金

L_T　　合约到期收益

D_t　　t 时刻的死亡收益

C_t　　初始时刻到 t 时刻累积的提取收益（贴现到 t 时刻）

τ_x　　年龄为 x 的投保者未来生存的时间长度

τ_0　　投资账户价值变为 0 的时刻，即 $\tau_0 = \inf\{t: W(t) \leq 0\}$

$\tau \wedge T$　　$\min\{\tau, T\}$

参考文献

[1] Alonso-García J, Wood O, Ziveyi J. Pricing and hedging guaranteed minimum withdrawal benefits under a general Lévy framework using the COS method [J]. Quantitative Finance, 2018, 18 (6): 1049-1075.

[2] Azimzadeh P, Forsyth P A. The existence of optimal bang-bang controls for GMxB contracts [J]. SIAM Journal on Financial Mathematics, 2015, 6 (1): 117-139.

[3] Bacinello A R, MillossovichP, Montealegre A. The valuation of GMWB variable annuities under alternative fund distributions and policyholder behaviours [J]. Scandinavian Actuarial Journal, 2016, 2016 (5): 446-465.

[4] Bacinello A R, Millossovich P, Olivieri A, Pitacco E. Variable annuities: A unifying valuation approach [J]. Social Science Electronic Publishing, 2011, 49 (3): 285-297.

[5] Ballotta L, Haberman S. Valuation of guaranteed annuity conversion options [J]. Insurance: Mathematics and Economics, 2003, 33 (1): 87-108.

[6] Ballotta L, Haberman S. The fair valuation problem of guaranteed annuity options: The stochastic mortality environment case [J]. Insurance: Mathematics and Economics, 2006, 38 (1): 195 – 214.

[7] Ballotta L, Kyriakou I. Convertible bond valuation in a jump diffusion setting with stochastic interest rates [J]. Quantitative Finance, 2015, 15 (1): 115 – 129.

[8] Barndorff-Nielsen O E. Normal inverse gaussian distributions and stochastic volatility modelling [J]. Scandinavian Journal of Statistics, 1997, 24 (1): 1 – 13.

[9] Bauer D, Kling A, Russ J. A universal pricing framework for guaranteed minimum benefits in variable annuities [J]. Astin Bulletin, 2008, 38 (2): 621 – 651.

[10] Bauer D, Reuss A, Singer D. On the calculation of the solvency capital requirement based on internal models [J]. ASTIN Bulletin: The Journal of the IAA, 2012, 42 (2): 453 – 499.

[11] Bell F C, Miller M L. Life tables for the united states social security area 1900 – 2100 [J]. Social Security Administration Publications, 2005, 69.

[12] Black F, Karasinski P. Bond and option pricing when short rates are lognormal [J]. Financial Analysts Journal, 1991, 47 (4): 52 – 59.

[13] Bollerslev T. Generalized autoregressive conditional heteroskedasticity [J]. Journal of Econometrics, 1986, 31 (3): 307 – 327.

[14] Boyle P, Hardy M. Guaranteed annuity options [J]. ASTIN Bulletin: The Journal of the IAA, 2003, 33 (2): 125 – 152.

[15] Brennan MJ, Schwartz E S. The pricing of equity-linked life in-

surance policies with an asset value guarantee [J]. Journal of Financial Economics, 1976, 3 (3): 195 – 213.

[16] Brennan M J, Schwartz E S. Alternative investment strategies for the issuers of equity linked life insurance policies with an asset value guarantee [J]. Journal of Business, 1979, 52 (1): 63 – 93.

[17] Cao C, Chang E C, Wang Y. An empirical analysis of the dynamic relationship between mutual fund flow and market return volatility [J]. Journal of Banking and Finance, 2008, 32 (10): 2111 – 2123.

[18] Capriotti, Luca, and Mike Giles. Fast correlation Greeks by adjoint algorithmic differentiation [J]. Risk, March, 2010, 79 – 83.

[19] Capriotti, Luca, and Michael Giles. Algorithmic differentiation: Adjoint greeks made easy [J]. Risk, 2012, 96 – 102.

[20] Capriotti, Luca, Shinghoi Jacky Lee, and Matthew Peacock. Real time counterparty credit risk management in Monte Carlo [J]. Risk Magazine, 2011.

[21] Chen Z, Forsyth P. A numerical scheme for the impulse control formulation for pricing variable annuities with a guaranteed minimum withdrawal benefit (GMW – B) [J]. Numerische Mathematik, 2008, 109 (4): 535 – 569.

[22] Chen Z, Vetzal K, Forsyth P. The effect of modeling parameters on the value of GMWB guarantees [J]. Insurance: Mathematics and Economics, 2008, 43 (1): 165 – 173.

[23] Costabile M. A lattice-based model to evaluate variable annuities with guaranteed minimum withdrawal benefits under a regime-switching model [J]. Scandinavian Actuarial Journal, 2017 (3): 231 – 244.

[24] Cox J. Notes on option pricing I: Constant elasticity of diffusions [J]. Working paper of Stanford University, 1975.

[25] Cox J, Ingersoll J, Ross S. A theory of the term structure of interest rates [J]. Econometrica, 1985, 53 (2): 385 – 407.

[26] Cox J, Ross S. The valuation of options for alternative stochastic processes [J]. Journal of Financial Economics, 1976, 3 (1 – 2): 145 – 166.

[27] Cox J, Ross S, Rubinstein M. Option pricing: A simplified approach [J]. Journal of Financial Economics, 1979, 7 (3): 229 – 263.

[28] Cui Z, Kim J, Lian G, et al. Risk measures for variable annuities: a Hermite series expansion approach [J]. Journal of Management Science and Engineering, 2019.

[29] Curran M. Willow power: optimizing derivative pricing trees [J]. Algo Research Quarterly, 2001, 4 (4): 15 – 24.

[30] Dai M, Kwok Y K, Zong J. Guaranteed minimum withdrawal benefit in variable annuities [J]. Mathematical Finance, 2008, 18 (4): 595 – 611.

[31] Dong B, Wang J, Xu W. Risk metrics evaluation for variable annuity with various guaranteed benefits [J]. Journal of Derivatives, 2020, 28 (2): 59 – 79.

[32] Dong B, Xu W, Kwok Y K. Willow tree algorithms for pricing guaranteed minimum withdrawal benefits under jump-diffusion and CEV models [J]. Quantitative Finance, 2019, 19 (10): 1741 – 1761.

[33] Drinkwater M, Iqbal I, Montiminy J. Variable annuity guaranteed living benefits utilization: 2011 experience [R]. (A joint study sponsored

by the Society of Actuaries and LIMRA: Schamburg), 2013.

[34] Drinkwater M, Iqbal I, Montiminy J. Variable annuity guaranteed living benefits utilization: 2012 experience [R]. (A joint study sponsored by the Society of Actuaries and LIMRA: Schamburg), 2014.

[35] Drinkwater M, Iqbal I, Montiminy J. Variable annuity guaranteed living benefits utilization: 2013 experience [J]. Technical Report. Society of Actuaries and LIMRA, 2015.

[36] Feng R, Huang H. Analytical calculation of risk measures for variable annuity guaranteed benefits [J]. Insurance: Mathematics and Economics, 2012, 51 (3): 636 - 648.

[37] Feng R, Jing X, Dhaene J. Comonotonic approximations of risk measures for variable annuity guaranteed benefits with dynamic policyholder behavior [J]. Journal of Computational and Applied Mathematics, 2017, 311: 272 - 292.

[38] Feng R, Vecer J. Risk based capital for guaranteed minimum withdrawal benefit [J]. Quantitative Finance, 2017, 17 (3): 471 - 478.

[39] Feng R, Volkmer H. An identity of hitting times and its application to the valuation of guaranteed minimum withdrawal benefit [J]. Mathematics & Financial Economics, 2013, 55 (2): 1 - 23.

[40] Feng R, Volmer H. Spectral methods for the calculation of risk measures for variable annuity guaranteed benefits [J]. ASTIN Bulletin: The Journal of the IAA, 2014, 44 (3): 653 - 681.

[41] Forsyth P, Vetzal K. An optimal stochastic control framework for determining the cost of hedging of variable annuities [J]. Journal of Economic Dynamics and Control, 2014, 44: 29 - 53.

[42] Fox J. A nested approach to simulation VaR using MoSes [J]. Insights: Financial Modelling, 2013, 1-7.

[43] Gan, Guojun. Application of data clustering and machine learning in variable annuity valuation [J]. Insurance: Mathematics and Economics, 2013, 53 (3): 795-801.

[44] Gan, Guojun, and X. Sheldon Lin. Valuation of large variable annuity portfolios under nested simulation: A functional data approach [J]. Insurance: Mathematics and Economics, 2015, 62, 138-150.

[45] Gan G, Valdez E A. Regression modeling for the valuation of large variable annuity portfolios [J]. North American Actuarial Journal, 2018, 22 (1): 40-54.

[46] Gao J, Ulm E. Optimal consumption and allocation in variable annuities with guaranteed minimum death benefits [J]. Insurance: Mathematics and Economics, 2012, 51 (3): 586-598.

[47] Geman H, Shih Y F. Modeling commodity prices under the CEV model [J]. Journal of Alternative Investments, 2008, 11 (3): 65-84.

[48] Gordy, Michael B., Sandeep Juneja. Nested simulation in portfolio risk measurement [J]. Management Science, 2010, 56 (10), 1833-1848.

[49] GudkovN, Ignatieva K, Ziveyi J. Pricing of guaranteed minimum withdrawal benefits in variable annuities under stochastic volatility, stochastic interest rates and stochastic mortality via the componentwise splitting method [J]. Quantitative Finance, 2019, 19 (3): 501-518.

[50] Haussman, U. G. and Yang, L. The modified willow tree algorithm [J]. Journal of Computational Finance, 2005, 8 (3): 63.

[51] Hejazi, Seyed Amir, and Kenneth R. Jackson. A neural network approach to effcient valuation of large portfolios of variable annuities [J]. Insurance: Mathematics and Economics, 2016, 70, 169 – 181.

[52] Hill I, Holder R. Algorithm as 99: Fitting Johnson curves by moments [J]. Applied Statistics, 1976, 25 (2): 180 – 189.

[53] Ho A. Willow tree [D]. University of British Columbia, 2000.

[54] Huang Y Q, Forsyth P A, Labahn G. Iterative methods for the solution of a singular control formulation of a GMWB pricing problem [J]. Numerische Mathematik, 2012, 122 (1): 133 – 167.

[55] Huang Y Q, Forsyth P A. Analysis of a penalty method for pricing a guaranteed minimum withdrawal benefit (GMWB) [J]. Journal of Numerical Analysis, 2012, 32 (1): 320 – 351.

[56] Huang Y T, Kwok Y K. Analysis of optimal withdrawal policies in withdrawal guarantee products [J]. Journal of Economic Dynamics and Control, 2014, 45: 320 – 351.

[57] Hull J, White A. Pricing interest-rate-derivative securities [J]. The Review of Financial Studies, 1990, 3 (4), 573 – 592.

[58] Hull J, White A. Optimal delta hedging for options [J]. Journal of Banking and Finance, 2017, 82: 180 – 190.

[59] Ignatieva K, Song A, Ziveyi J. Pricing and hedging of guaranteed minimum benefits under regime-switching and stochastic mortality [J]. Insurance: Mathematics and Economics, 2016, 70: 286 – 300.

[60] Johnson N. System of frequency curves generated by methods of translation [J]. Biometrika, 1949, 36 (1/2): 149 – 176.

[61] Kang B, Ziveyi J. Optimal surrender of guaranteed minimum ma-

turing benefits under stochastic volatility and interest rates [J]. Insurance: Mathematics and Economics, 2018, 79: 43 – 56.

[62] Kélani A, Quittard – Pinon F. Pricing and hedging variable annuities in a lévy market: a risk management perspective [J]. Journal of Risk and Insurance, 2017, 84 (1): 209.

[63] Lu L, Xu W. A simple and effcient two-factor willow tree method for convertible bond pricing with stochastic interest rate and default risk [J]. Journal of Derivatives, 2017, 25 (1): 37 – 54.

[64] Lu L, Xu W, Qian Z. Effcient willow tree method for European-style and American-style moving average barrier options pricing [J]. Quantitative Finance, 2017, 17 (6): 889 – 906.

[65] Lu L, Xu W, Qian Z. Effcient convergent lattice method for Asian options pricing with superlinear complexity [J]. Journal of Computational Finance, 2017, 20 (4): 1 – 38.

[66] Luo X, Shevchenko P V. Valuation of variable annuities with guaranteed mini – mum withdrawal and death benefits via stochastic control optimization [J]. Insurance: Mathematics and Economics, 2015, 62: 5 – 15.

[67] Luo X, Shevchenko P V. Fast numerical method for pricing of variable annuities with guaranteed minimum withdrawal benefit under optimal withdrawal strategy [J]. International Journal of Financial Engineering, 2015, 2 (3): 1550024.

[68] Ma C, Xu W, Yuan G. Valuation model for Chinese convertible bonds with soft call/put provision under the hybrid willow tree [J]. Quantitative Finance, 2020, 20 (12), 2037 – 2053.

[69] Ma J, Huang S, Xu W. An effcient convergent willow tree meth-

od for American and exotic option pricing under stochastic volatility models [J]. Journal of Derivatives, 2020, 27 (3): 75 - 98.

[70] Marshall C, Hardy M, Saunders D. Valuation of a guaranteed minimum income benefit [J]. North American Actuarial Journal, 2010, 14 (1): 38 - 58.

[71] Merton R C. Option pricing when underlying stock returns are discontinuous [J]. Journal of Financial Economics, 1976, 3 (1 - 2): 125 - 144.

[72] Moenig T, Bauer D. Revisiting the risk-neutral approach to optimal policyholder behavior: A study of withdrawal guarantees in variable annuities [J]. Working paper in the 12th Symposium on Finance, Banking, and Insurance, Germany, 2011.

[73] Milevsky M, Posner S. The Titanic option: Valuation of the guaranteed minimum death benefit and mutual funds [J]. Journal of Risk and Insurance, 2001, 68: 49 - 61.

[74] Milevsky M, Salisbury T. Financial valuation of guaranteed minimum withdrawal benefits [J]. Insurance: Mathematics and Economics, 2006, 38: 21 - 38.

[75] Peng J J, Leung K S, Kwok Y K. Pricing guaranteed minimum withdrawal benefits under stochastic interest rates [J]. Quantitative Finance, 2012, 12 (6): 933 - 941.

[76] Pelsser A. Pricing and hedging guaranteed annuity options via static option replication [J]. Insurance: Mathematics and Economics, 2003, 33: 283 - 296.

[77] Schountens W. Lévy processes in finance: pricing financial deri-

vates [M]. Wiley, 2003.

[78] Schrager, David. Replicating portfolios for insurance liabilities [J]. Actuarial Sciences, 2008: 57 – 60.

[79] Shevchenko P V, Luo X. A unified pricing of variable annuity guarantees under the optimal stochastic control framework [J]. Risks, 2016, 4 (3): 22.

[80] Shevchenko P V, Luo X L. Valuation of variable annuities with guaranteed minimum withdrawal benefit under stochastic interest rate [R]. Working paper of Macquarie University, 2017.

[81] Ulm E. Analytic solution for return of premium and rollup guaranteed minimum death benefit options under some simple mortality laws [J]. ASTIN Bulletin: The Journal of the IAA, 2008, 38 (2): 543 – 563.

[82] Ulm E. The effect of policyholder transfer behavior on the value of guaranteed minimum death benefits [J]. North American Actuarial Journal, 2010, 14 (1): 16 – 37.

[83] Vasicek O. An equilibrium characterization of the term structure [J]. Journal of Financial Economics, 1977, 5 (2): 177 – 188.

[84] Wang G, Xu W. A unified willow tree framework for one-factor short rate models [J]. The Journal of Derivatives, 2018, 25 (3): 33 – 54.

[85] Wang J, Xu W. Risk-based capital for variable annuity under stochastic interest rate [J]. ASTIN Bulletin: The Journal of the IAA, 2020, 50 (3): 959 – 999.

[86] Xu W, Chen Y, Coleman C, Coleman T F. Moment matching machine learning methods for risk management of large variable annuity portfolios [J]. Journal of Economic Dynamics and Control, 2018, 87: 1 – 20.

［87］Xu W, Hong Z, Qin C. A new sampling strategy willow tree method with application to path-dependent option pricing［J］. Quantitative Finance, 2013, 13 (6): 861–872.

［88］Xu W, Yin Y. Pricing American options by willow tree method under jump-diffusion process［J］. Journal of Derivatives, 2014, 22 (1): 46–56.

［89］Yang S S, Dai T S. A flexible tree for evaluating guaranteed minimum withdrawal benefits under deferred life annuity contracts with various provisions［J］. Insurance: Mathematics and Economics, 2013, 52 (2): 231–242.

［90］Dai T S, Yang S S, Liu L C. Pricing guaranteed minimum/lifetime withdrawal benefits with various provisions under investment, interest rate and mortality risks［J］. Insurance: Mathematics and Economics, 2015, 64 (SEP.): 364–379.

［91］Yao Y, Xu W, Kwok Y K. Willow tree algorithms for pricing exotic derivatives on discrete realized variance under time-changed Lévy process［R］. Working paper of Tongji University, 2019.

［92］楚军红. 通货膨胀与中国变额寿险的开发［J］. 上海保险, 1997 (3): 31–33.

［93］邓庆彪, 李方方. 变额年金保险中最低提取利益保证的定价模型研究［J］. 经济管理, 2012 (2): 142–149.

［94］范堃, 郭学琦, 樊迪. 我国变额年金市场瓶颈分析及税收优惠政策建议［J］. 金融与经济, 2015 (7): 40–42.

［95］何孝允, 李秀芳. 实行变额保险是开展寿险的最佳选择［J］. 南开经济研究, 1991 (6): 25–28.

vates [M]. Wiley, 2003.

[78] Schrager, David. Replicating portfolios for insurance liabilities [J]. Actuarial Sciences, 2008: 57-60.

[79] Shevchenko P V, Luo X. A unified pricing of variable annuity guarantees under the optimal stochastic control framework [J]. Risks, 2016, 4 (3): 22.

[80] Shevchenko P V, Luo X L. Valuation of variable annuities with guaranteed minimum withdrawal benefit under stochastic interest rate [R]. Working paper of Macquarie University, 2017.

[81] Ulm E. Analytic solution for return of premium and rollup guaranteed minimum death benefit options under some simple mortality laws [J]. ASTIN Bulletin: The Journal of the IAA, 2008, 38 (2): 543-563.

[82] Ulm E. The effect of policyholder transfer behavior on the value of guaranteed minimum death benefits [J]. North American Actuarial Journal, 2010, 14 (1): 16-37.

[83] Vasicek O. An equilibrium characterization of the term structure [J]. Journal of Financial Economics, 1977, 5 (2): 177-188.

[84] Wang G, Xu W. A unified willow tree framework for one-factor short rate models [J]. The Journal of Derivatives, 2018, 25 (3): 33-54.

[85] Wang J, Xu W. Risk-based capital for variable annuity under stochastic interest rate [J]. ASTIN Bulletin: The Journal of the IAA, 2020, 50 (3): 959-999.

[86] Xu W, Chen Y, Coleman C, Coleman T F. Moment matching machine learning methods for risk management of large variable annuity portfolios [J]. Journal of Economic Dynamics and Control, 2018, 87: 1-20.

[87] Xu W, Hong Z, Qin C. A new sampling strategy willow tree method with application to path-dependent option pricing [J]. Quantitative Finance, 2013, 13 (6): 861 – 872.

[88] Xu W, Yin Y. Pricing American options by willow tree method under jump-diffusion process [J]. Journal of Derivatives, 2014, 22 (1): 46 – 56.

[89] Yang S S, Dai T S. A flexible tree for evaluating guaranteed minimum withdrawal benefits under deferred life annuity contracts with various provisions [J]. Insurance: Mathematics and Economics, 2013, 52 (2): 231 – 242.

[90] Dai T S, Yang S S, Liu L C. Pricing guaranteed minimum/lifetime withdrawal benefits with various provisions under investment, interest rate and mortality risks [J]. Insurance: Mathematics and Economics, 2015, 64 (SEP.): 364 – 379.

[91] Yao Y, Xu W, Kwok Y K. Willow tree algorithms for pricing exotic derivatives on discrete realized variance under time-changed Lévy process [R]. Working paper of Tongji University, 2019.

[92] 楚军红. 通货膨胀与中国变额寿险的开发 [J]. 上海保险, 1997 (3): 31 – 33.

[93] 邓庆彪, 李方方. 变额年金保险中最低提取利益保证的定价模型研究 [J]. 经济管理, 2012 (2): 142 – 149.

[94] 范堃, 郭学琦, 樊迪. 我国变额年金市场瓶颈分析及税收优惠政策建议 [J]. 金融与经济, 2015 (7): 40 – 42.

[95] 何孝允, 李秀芳. 实行变额保险是开展寿险的最佳选择 [J]. 南开经济研究, 1991 (6): 25 – 28.